Heidrun Bründel

Wann ist ein Kind schulfähig?

Ein praktischer Leitfaden
für Erzieherinnen

Herder Freiburg · Basel · Wien

Gedruckt auf umweltfreundlichem, chlorfrei gebleichtem Papier

Umschlaggestaltung: Joseph Pölzelbauer, Freiburg
Umschlagfoto: Hartmut W. Schmidt, Freiburg

© Verlag Herder Freiburg im Breisgau 2001
Satz: Barbara Herrmann, Freiburg
Druck und Bindung: Freiburger Graphische Betriebe 2001
ISBN 3-451-27500-7

Inhalt

Vorwort

Schule, Bildung und Ausbildung haben heute eine größere Bedeutung denn je. Dort werden die Weichen für die berufliche Zukunft gestellt. Alle Eltern wünschen sich für ihr Kind bestmögliche schulische Startbedingungen, einen guten Verlauf der Ausbildung sowie einen qualifizierten Abschluss, der ihm alle weiteren Bildungsgänge offen hält. Um ihren Kindern möglichst alle Optionen offen zu halten, nennen 90 % aller Eltern bei Schuleintritt ihres Kindes das Abitur als Bildungsziel, also zu einem Zeitpunkt, zu dem sie noch gar nicht wissen können, wie ihr Kind auf die Anforderungen der Schule reagieren wird.

Aus diesen Gründen überlegen Eltern schon während der Kindergartenzeit, welche Förderkurse und Freizeitprogramme dem Kind zu einem guten Schulbeginn verhelfen könnten. Vor allem aber tragen sie ihre Wünsche und Hoffnungen frühzeitig an den Kindergarten heran und möchten am liebsten, dass die Erzieherinnen ihnen die „Vorbereitung auf die Schule" abnehmen bzw. sie darin unterstützen. Die Kinder – so ihre Meinung – sollten schon im Kindergarten recht viel lernen, damit sie für die Schule gewappnet seien. Manche Eltern bedrängen die Erzieherinnen geradezu, ihre Kinder gezielter und intensiver auf die Schule vorzubereiten. Auch wenn der Erziehungsauftrag des Kindergartens auf die Förderung und Erziehung der Gesamtpersönlichkeit des Kindes gerichtet und vom Bildungs- und Erziehungsauftrag der Schule unabhängig ist, wird von Erzieherinnen mehr denn je erwartet, dass Kindergartenkinder, die den Kindergarten verlassen, schulfähig und schulbereit sind.

Eltern haben heute mehr Möglichkeiten, über den Schulbeginn ihres Kindes mit zu entscheiden. In der Schullandschaft ist eine Tendenz zur Flexibilisierung des Schulanfangs sichtbar, d. h. es gibt seit einigen Monaten, und dies ist in einigen Bundesländern gesetzlich geregelt, keine starren Altersgrenzen mehr, die den Schulbeginn festlegen. Kinder können heute schon mit fünf Jahren eingeschult werden, wenn sie die dafür erforderliche Schulfähigkeit und Schulbereitschaft besitzen. Dies war zwar vorher auch schon möglich, jedoch nicht wie jetzt in den Schulrechtsbestimmungen ausdrücklich vorgesehen und verankert. Das bedeutet, dass über die Schulfähigkeit jedes einzelnen Kindes intensiver als zuvor nachgedacht werden muss. Aufgrund der neuen schulrechtlichen Bestimmungen werden sich viele Eltern demnächst öfter als früher an die Erzieherin ihres Kindes mit der Frage wenden, welche Fähigkeiten und Fertigkeiten ihr Kind bei der Einschulung besitzen sollte und ob sie es für schulfähig halten. Erzieherinnen werden Stellung beziehen und Auskunft geben müssen und damit zur elterlichen Entscheidungsfindung beitragen. Von der Qualität ihrer Beobachtungs- und Beratungsfähigkeit wird es u. a. auch abhängen, ob ein Kind eingeschult wird oder nicht.

Kurz: Erzieherinnen sind heute in Bezug auf das Thema Schulfähigkeit in vielerlei Hinsicht vor neue Herausforderungen und Anforderungen gestellt. Ziel dieses Buches ist es, die Erzieherin theoretisch und praktisch darin zu unterstützen, diesen vielfältigen Aufgabenkatalog erfolgreich zu bewältigen. Im Vordergrund stehen die Feststellung der Schulfähigkeit eines Kindes, Beurteilungshilfen für den kindgerechten Einschulungstermin, Beobachtungs- und auch Fördermöglichkeiten sowie Anregungen für die beratende Elternarbeit.

In einem *ersten* Kapitel gehe ich auf den Begriff der Schulfähigkeit ein, um im *zweiten* Kapitel die Veränderung kindlicher Lebensbedingungen in ihren wesentlichen Aspekten aufzuzeigen, die u. a. auch zur Ablösung des Begriffs der Schulreife und zur Einführung des Begriffs der Schulfähigkeit in die Schuleingangsdiagnostik geführt haben. Im *dritten* Kapitel beleuchte ich die rechtliche Seite und beschreibe die neuen schulrechtlichen Bestimmungen exemplarisch für die Bundesländer Nordrhein-Westfalen und Baden-Württemberg. Das *vierte* Kapitel widmet sich der Entwicklung von Kindergartenkindern zu Schulkindern und berücksichtigt dabei den Bildungs- und Erziehungsauftrag des Kindergartens, entwicklungspsychologische Aspekte, die Bedeutung des kindlichen Spiels sowie die geschlechtsspezifischen Aspekte in der Erziehung von Jungen und Mädchen. In einem *fünften* und *sechsten* Kapitel werde ich darlegen, welche Kompetenzen die Erzieherin zum einen als Beobachterin des Kindes und zum anderen als Gesprächspartnerin der Eltern braucht, wie sie diese entwickeln kann und sie in der Frage der Schulfähigkeit eines Kindes am besten einbringen kann. Das *siebte* Kapitel schildert den Ablauf einer schulpsychologischen Beratung zur Frage der Einschulung, und im *achten* Kapitel wird auf die verschiedenen Kooperationsmöglichkeiten zwischen Kindergarten, Elternhaus und Schule verwiesen. Abschließend diskutiere ich die Thematik des kindgerechten Einschulungstermins unter Berücksichtigung der neuerdings verstärkt erhobenen pädagogischen Forderung nach Pluralisierung, Individualisierung, Flexibilisierung und Differenzierung der Bildungsgänge sowie nach Vereinheitlichung der Einschulungspraxis sowohl in den deutschen Bundesländern als auch in den europäischen Staaten.

Gütersloh, im Februar 2001   Heidrun Bründel

1 Zum Begriff der Schulfähigkeit

Die Bandbreite des Entwicklungsstandes der geistigen, emotionalen und sozialen Fähigkeiten sowie der individuellen Lernvoraussetzungen von Kindern vor und nach der Einschulung ist groß. Diese Erfahrung machen nicht nur Lehrerinnen und Lehrer in der Grundschule, sondern auch die Erzieherinnen im Vorschulbereich. Viele Kinder kommen bereits mit ganz unterschiedlichen Voraussetzungen und Erfahrungen in den Kindergarten und sie verlassen ihn auch wieder mit sehr individuellen Fähigkeitsprofilen. Durch den Kindergartenbesuch erhalten zwar alle Kinder vielfältige Anregungen, erweitern und vertiefen ihre Kenntnisse, ihr Wissen, ihre Fähigkeiten und Fertigkeiten, aber es werden nie alle Kinder am Ende ihrer Kindergartenzeit ein einheitliches Niveau erreichen. Das Endniveau ist bei gleicher Förderung, wenn es diese überhaupt gibt, auch immer vom Ausgangsniveau der Kinder abhängig. Ein und dieselbe Förderung für alle kann es nicht geben, sondern nur eine differenzierte und auf die individuellen Voraussetzungen der Kinder abgestimmte. Mit der Einführung des Begriffes Schulfähigkeit sollte diesem individuellen Aspekt Rechnung getragen werden.

In der Geschichte der Einschulungsdiagnostik stellen die Begriffe „Schulreife" und „Schulfähigkeit" Meilensteine dar, die weit voneinander entfernt liegen. Jahrzehntelang ging man ausschließlich vom Konzept der Schulreife aus und damit von der Annahme innerer Reifungsvorgänge im Kind, die sich bis zum Erreichen eines bestimmten Lebensalters bei allen Kindern in etwa gleichartig vollziehen. Diese Vorstellung wird heute durch das Modell von „Schulfähigkeit" bzw. „Schulbereitschaft" ersetzt. Der Begriff der Schulfähigkeit berücksichtigt die Unterschiedlichkeit von Kindern gleichen Alters bei gleichem Förderangebot und geht davon aus, dass Kinder je nach Ausgangslage und Lebensbedingungen auf Anreize, Hilfen und Unterstützung unterschiedlich reagieren und daher zu unterschiedlichen Zeitpunkten mehr oder weniger schulfähig sind. Die Wechselwirkung zwischen Fähigkeitsmerkmalen eines Kindes und den Anforderungskriterien der Grundschule rückt damit in den Vordergrund. Auf diese Weise wird der Begriff „Schulfähigkeit" von der Vorstellung abgelöst, generell in unmittelbarem Zusammenhang mit einem bestimmten Lebensalter zu stehen.

Nickel und Schmidt-Denter (1995) benennen drei Komponenten des Schulfähigkeitsmodells: das Kind, die Schule und die Ökologie. Damit ist Schulfähigkeit nicht nur vom Kind abhängig und nicht allein am Kind festzumachen, sondern die Schulfähigkeit eines bestimmten Kindes wird auch immer zugleich von den Leistungsanforderungen der betreffenden Grundschule, ihren Erwartungen, der Klassenzusammensetzung und der Lehrerpersönlichkeit bestimmt. Unter Ökologie verstehen die Autoren die Lern- und Lebensumwelt des Kindes, darunter fallen u. a. auch die Anregungen, die es in seiner Familie und im Kindergarten erhalten hat. Schulfähigkeit ist keine feststehende Größe, auch kein Normmaß, das nur mit Tests zu ermitteln wäre, sondern eine vermutete „Passung" zwischen den Lernvoraussetzungen, die ein Kind mitbringt und den Lernanforderungen der Schule (Barth 1999). Ob die Schulfähigkeit eines Kindes gegeben ist, kann also nur unter Berücksichtigung aller Faktoren und aller Bedingungen individuell entschieden werden.

Früher wurden „schulreife" von „nicht schulreifen" Kindern getrennt, erstere wurden eingeschult, letztere nicht. Man verfolgte überwiegend eine „Selektions"-Diagnostik. Heute wird eher eine „Prozess"-Diagnostik durchgeführt, die in erster Linie Hinweise auf Fördermaßnahmen geben soll und in zweiter

Linie Hilfen bei der Frage der Einschulung. In neueren pädagogischen Konzepten zeigt sich sogar die Tendenz, früher durchaus übliche Zurückstellungen vom Schulbesuch für ein Jahr
überflüssig zu machen und statt dessen, wenn möglich, die
Mehrzahl der schulpflichtigen Kinder fristgerecht aufzunehmen
und sie so zu fördern, dass sie ihren Lernvoraussetzungen entsprechend unterrichtet werden können. Dies setzt jedoch auch
voraus, dass man den Einschulungstermin flexibel festsetzt und
sich dabei ausschließlich am augenblicklichen Entwicklungsstand des Kindes orientiert und nicht wie früher üblich am Lebensalter.

2 Die Veränderung der kindlichen Lebensbedingungen

Sowohl von Erzieherinnen als auch von Lehrern und Lehrerinnen wird immer wieder behauptet, dass Kinder nicht mehr so leicht wie früher zu erziehen seien, sondern dass sie selbstständiger, fordernder, selbstbewusster seien und sich weniger an Regeln hielten. Das sind sicherlich subjektive Sichtweisen, die ihre Berechtigung haben. Tatsächlich haben sich jedoch zum einen die Bedingungen der kindlichen Lebenswelt in vielerlei Hinsicht verändert. Zum anderen sind diese Lebenswelten sehr unterschiedlich geworden, so dass die Erzieherinnen in ihrer pädagogischen Arbeit viele verschiedene Lebenssituationen von Kindern berücksichtigen müssen, die nicht zuletzt im Hinblick auf die „Vorbereitung" auf die Schule einen nicht zu unterschätzenden Faktor ausmachen.

Pluralisierung und Individualisierung

Zu den objektiven Veränderungen gehören die Pluralisierung und Individualisierung der Gesellschaft. Damit verbunden ist die sinkende Geburtenrate und der Wandel in der Motivation von Paaren, Kinder haben zu wollen. Früher wurde die Entscheidung für oder gegen Kinder pragmatisch und gewissermaßen „selbstverständlich", u. a. nach wirtschaftlichen und versorgungsbezogenen Kriterien, gefällt. Heute geht es eher um „ichbezogene", emotionale und auf Sinngebung des eigenen Lebens ausgerichtete Beweggründe. Auf der einen Seite wollen viele Frauen und Männer im Umgang mit Kindern Fähigkeiten wieder entdecken und Bedürfnisse ausleben, die sie in ihrem

Lebensalltag vielfach vermissen. Dazu gehören Geduld und Gelassenheit, Fürsorglichkeit und Einfühlungsvermögen, Zärtlichkeit, Offenheit und Nähe. Auf der anderen Seite findet die Auseinandersetzung mit dem Kinderwunsch oft nach sehr rationalen Kriterien statt. Junge Männer und Frauen überlegen sich heute sehr genau, ob sie ein Kind in die Welt setzen wollen oder nicht, ob sie Selbstverwirklichung mit Kindern oder ohne Kinder wollen, ob sie ihrer Berufstätigkeit den Vorzug geben sollen oder ob ein (Ehe-) Partner, meistens der weibliche, zu Gunsten der Kinder auf die eigene berufliche Karriere verzichten soll. Es wird geprüft, ob der Zeitpunkt für die Geburt eines Kindes auch mit ihrem Lebensrhythmus, ihren Lebenszielen und Lebensvorstellungen zu vereinbaren ist. Die endgültige Entscheidung fällt immer häufiger gegen eigene Kinder aus. Diesem beunruhigenden Trend steht jedoch auch eine andere Beobachtung entgegen: Weibliche Jugendliche wollen nicht auf Familie verzichten, sondern wünschen sich, Familie und Beruf miteinander verbinden zu können. Auch junge Frauen wollen keineswegs von Kindern Abstand nehmen, sie möchten sie nur zu einem späteren Zeitpunkt bekommen und Familie mit Berufstätigkeit verbinden. Manchmal suchen Frauen mit der Entscheidung für ein Leben mit Kindern einen Gegenbereich zur Berufswelt, in welcher instrumentelle Vernunft vorherrscht und Gefühle meist störend sind (Bründel und Hurrelmann 1996).

Wechselnde Bezugspersonen

Im Allgemeinen besuchen drei- bis fünfjährige Kinder bis zur Vollendung des sechsten Lebensjahres den Kindergarten. Sie kommen aus den unterschiedlichsten Familien und haben dort grundverschiedene oder auch ähnliche Erfahrungen gemacht: fühlen sich geliebt oder ungeliebt, umsorgt oder vernachlässigt. In ihren Familien sind eventuell Väter *und* Mütter vorhanden, aber sehr häufig nur Väter *oder* Mütter oder auch Stiefväter *und/oder* Stiefmütter. Oft sind noch Geschwister, leibliche *und/ oder* Stiefgeschwister da, aber häufig auch nicht. Viele Kinder erfahren im Kindergarten zum ersten Mal in ihrem Leben ein Zusammensein mit Erwachsenen *und* Kindern sowie einen geregelten Tagesablauf. Aber erfahren sie wirklich einen geregelten „Tagesablauf"? Wenige Kinder kommen in den Genuss, nur in ihrer Familie und dem Kindergarten betreut zu werden. In der Regel sind mehrere Betreuungspersonen zeitlich nacheinander in ihren Tagesablauf einbezogen. Sie verbringen – wie im folgenden Beispiel – wenig Zeit in der Kernfamilie und damit der familiären Intimität (Roßbach und Nordlohne 1987):

Anna, 4 Jahre alt, wird morgens von Mama geweckt, beide frühstücken zusammen, Papa ist schon längst zur Arbeit gegangen. Mama bringt Anna in den Kindergarten. Mittags wird sie von der Oma abgeholt. Mama kommt dann schnell zum Mittagessen nach Hause, alle drei essen gemeinsam, dann eilt Mama wieder zur Arbeit. Oma hat auch eine kleine Nachmittagsbeschäftigung, daher verbringt Anna den Nachmittag bei Mamas Schwester, die nur ein paar Häuser weiter wohnt. Gegen 17.00 Uhr wird sie von Mama, manchmal auch schon von Papa abgeholt. Wenn Mama und Papa abends ins Kino gehen möchten, bestellen sie einen Babysitter, das ist meistens Katrin, 14 Jahre alt.

Kulturelle Vielfalt

Viele Kindergartengruppen setzen sich heute multikulturell zusammen. Für alle Beteiligten im Kindergarten – Kinder, Eltern und Erzieherinnen – sind multikulturelle Lernprozesse Notwendigkeit und Herausforderung zugleich. Der Kindergarten ist für viele Kinder der erste Ort, an dem sie mit Kindern aus fremden

Kulturen und mit anderen Gewohnheiten zusammentreffen und an dem Anforderungen an ihre Verständigungsbereitschaft und -fähigkeit gestellt werden. Erzieherinnen stehen vor der schwierigen Aufgabe, Kinder zu betreuen, zu erziehen und zu bilden, die ein sehr unterschiedliches Sprachniveau aufweisen. Je nach Wohnlage beträgt der Anteil von ausländischen und/ oder hier geborenen und nicht bzw. nur schlecht deutsch sprechenden Kindern von Aussiedlern oft bis zu 40–50 % und mehr. Es gibt Kinder, die die deutsche Sprache noch nicht beherrschen, so dass Erzieherinnen häufig versuchen müssen, die Kinder auch durch nonverbale Kommunikationsformen miteinander in Kontakt zu bringen. Die Elternarbeit mit nicht Deutsch sprechenden Eltern ist erschwert, so dass Kreativität und Einfallsreichtum der Erzieherinnen gefragt sind, um trotz der Verständigungsschwierigkeiten eine Kontaktaufnahme mit den Eltern und auch den Eltern untereinander zu ermöglichen.

Berufstätigkeit beider Elternteile

Wegen der zunehmenden Berufstätigkeit beider Elternteile ist es notwendig geworden, dass sich der Kindergarten flexibel zeigt und nicht mehr nur am Vormittag oder am Nachmittag geöffnet ist. Eine bedarfsgerechte Betreuungsform erfordert eine Blocköffnungszeit bis mindestens 14.00 Uhr, einschließlich der Möglichkeit für Kinder, dort das Mittagessen einzunehmen. Das hat allerdings auch manchmal zur Folge, dass Eltern den Kindergarten als willkommenen „Aufbewahrungsort" für ihre Kinder in der Zeit ihrer Berufstätigkeit betrachten. Viele Eltern haben häufig nicht die Zeit und vielleicht auch nicht immer die entsprechende Einstellung, sich in der Elternmitarbeit so zu engagieren, wie Erzieherinnen es sich wünschen. Das erschwert die Arbeit der Erzieherinnen, deren Aufgabe es ist, mit Eltern eng zusammenzuarbeiten, denn nur durch eine gute und vertrauensvolle Zusammenarbeit können Wertvorstellungen und Erziehungseinstellungen zwischen Elternhaus und Kindergarten abgesprochen und aufeinander abgestimmt werden.

Die Berufstätigkeit beider Elternteile wirkt sich auch auf die elterlichen Erziehungsideale aus. Der heutigen Elterngeneration geht es vor allem um die Selbstständigkeit ihrer Kinder. Ihnen werden heute größere Handlungsspielräume und weit mehr Entscheidungsmacht als früher zugestanden. Eltern wollen ihren Kindern ausreichend Impulse für die Persönlichkeitsentwicklung geben, aber sie wollen sie auf keinen Fall dabei bevormunden, ihnen Vorschriften machen oder auch nur im Geringsten einengen. Das ist für Eltern häufig eine schwierige pädagogische Gratwanderung zwischen Anleitung und Unterstützung auf der einen und Gewährenlassen auf der anderen Seite. So bemerkenswert diese Erziehungsideale der Eltern auch sind, entspringen die Selbstständigkeitsanforderungen an die Kinder allerdings nicht selten ganz konkreten Eigeninteressen der Eltern, wie zum Beispiel durch Selbstständigkeit und Unabhängigkeit der Kinder mehr Zeit für sich zu haben und mehr ihren persönlichen Neigungen nachgehen zu können. Und manchmal überfordern sich Eltern selbst, wenn sie versuchen, die Persönlichkeit ihres Kindes zu respektieren, seine Selbstständigkeit zu stärken und mit ihm dabei auch noch zu diskutieren und zu verhandeln. Auch Kinder sind überfordert, wenn ihnen Entscheidungen zugemutet werden, deren Tragweite sie nicht absehen können und wenn ihnen Verantwortung für sich selbst und andere übertragen wird, ohne ihnen gleichzeitig den nötigen Halt und die entsprechende Unterstützung zu geben. Die Überlastung der Eltern liegt darin, dass sie ihre eigenen Kräfte und kommunikativen Kompetenzen häufig überschätzen, sich hilflos fühlen, vor den Argumenten der Kinder kapitulieren und keine klaren Grenzen mehr setzen.

Vom Erziehungs- zum Beziehungsverhältnis

Das „Erziehungsverhältnis" zwischen Eltern und Kindern wandelt sich in vielen Familien in ein „Beziehungsverhältnis", das von einem ständigen Aushandeln der Wünsche, Bedürfnisse, Umgangsregeln und Grenzen geprägt ist. Dies führt zur Erwartung auf Seiten der Kinder, in ihren Bedürfnissen von Erwachsenen nicht nur berücksichtigt und wahrgenommen zu werden, sondern auch im Mittelpunkt zu stehen und möglichst sofortige Bedürfnisbefriedigung zu erlangen. Daraus resultiert häufig eine Unfähigkeit, je nach Situation und Gegebenheit, auch einmal zurückzustecken und auf eigene Ansprüche vorübergehend zu verzichten. Erzieherinnen spüren die Erwartungs- und Anspruchshaltung der Kinder und es ist für sie nicht immer leicht, ein vernünftiges Maß zwischen Berücksichtigung der Interessen des einzelnen Kindes und dem aller Kinder zu finden. Erzieherinnen können und müssen Grenzen setzen. Sie haben es jedoch schwerer als früher, Regeln aufzustellen und für deren Einhaltung zu sorgen. Viele Kinder sind Regeleinhaltung und Konsequenzen nicht mehr gewohnt und müssen erst wieder langsam dahin geführt werden.

Manche Eltern äußern in ihren Erziehungsvorstellungen, „Partner" ihres Kindes sein zu wollen. Kinder werden aber durch ein „Partner-Verhältnis" zu den Eltern emotional überlastet und sind mit dieser Rolle emotional überfordert. Sie können elterliche Beziehungsprobleme nicht lösen, denn sie haben genug mit sich selbst zu tun. Elkind (1994) stellt die These auf, dass Kinder heute deshalb nicht mehr Kinder sein könnten, weil Eltern den Stress, den sie selbst in Partnerschaft und Beruf erleiden, unmittelbar an sie weitergäben. Kinder seien – so die Argumentation – als Statussymbol, als Partnerersatz, als Vertraute und als Ersatz-Ich gefragt, mit dieser Rolle aber entwicklungsgemäß überfordert. Durch die starke emotionale Belastung hätten sie keine Zeit mehr, „abhängig", „unselbstständig" und „verspielt" zu sein. Genau dies, allerdings im besten Sinne, möchte der Kindergarten wieder erreichen. Hier sollen die Kinder spielen können, spielend und handelnd ihre Umwelt begreifen und erobern. Natürlich wird auch ihre Selbstständigkeit gefördert – dies ist eine der zentralen Erziehungsaufgaben des Kindergartens –, allerdings nicht um der Erwachsenen willen, sondern um die Kinder zu befähigen, sich selbst eigene Ziele zu setzen und diese auch zu erreichen.

Reizüberflutung

Die Veränderung der kindlichen Lebensbedingungen zeigt sich auch darin, dass die Grenzen zwischen den Generationen durch Massenmedien, die Erwachsenen und Kindern gleichermaßen zugänglich sind, immer durchlässiger werden. Dieser Gedanke wird besonders von Postman (1995) vertreten, für den vor allem das Fernsehen ein „Medium der totalen Enthüllung" ist, das alle Geheimnisse lüftet, Kindern zugänglich macht und damit eine „Technologie des freien Eintritts" darstellt. Es besteht bei den Kindern ein Missverhältnis zwischen eigenen und medial vermittelten Erfahrungen, das zu einer Erlebnisverarmung führt. Mehrstündiger täglicher Medienkonsum ist auch bei Kindergartenkindern keine Seltenheit. Eine falsche Sitzhaltung, motorische Störungen und Sinnesüberreizungen sind die Folgen. Viele Kinder haben Schwierigkeiten, sich mit sich selbst zu beschäftigen und kreativ mit wenig Material zu spielen. Als Reaktion der Kindergartenpädagogik auf Überreizung und Übersättigung der Kinder mit Umweltreizen kann der Versuch mancher Erzieherinnen angesehen werden, in einigen Kindergärten generell Spielzeug ganz abzuschaffen, damit die Kinder lernen, sich wieder auf sich selbst zu besinnen und ihre kreativen Kräfte zu mobilisieren.

Resümee

Kindheit hat sich also in der Tat in vielen Punkten verändert. Der Kindergarten übernimmt vielfach kompensatorische Funktionen für Defizite der elterlichen Erziehung, so dass man sehr gut verstehen kann, dass Erzieherinnen und Lehrerinnen und Lehrer den Eindruck haben, dass „alles" schwieriger geworden sei. Es ist heute nicht mehr selbstverständlich, dass Kinder aus vollständigen Familien kommen, dass beide Eltern leiblich sind und dass sie leibliche Geschwister haben, dass sie ganztägig von ihren Müttern oder Vätern versorgt werden können, dass sie die deutsche Sprache sprechen und verstehen, dass Eltern Zeit haben, sich in der Kindergartenarbeit zu engagieren, dass Kinder Regeln von zu Hause aus kennen und sich daran halten, dass Kinder gelernt haben, friedlich zu streiten und sich wieder zu vertragen, dass Kinder zum freien Spiel und zu freier Beschäftigung fähig sind.

Diese Veränderungen führen auch zu einer Veränderung in der Erziehungs- und Betreuungsarbeit der Erzieherinnen. Sie müssen sich auf Kinder einstellen, die aufgrund vielfältig wechselnder Betreuungspersonen kein Urvertrauen erworben haben, die sehr viel Zuwendung benötigen, die geringe soziale Fertigkeiten im Umgang mit anderen Kindern erworben haben, die sich einerseits zwar schon sehr selbstständig und unabhängig geben, sich andererseits jedoch emotional noch sehr kleinkindlich verhalten. Dies hat Auswirkungen auf die gesamte Erziehung während der Kindergartenzeit und damit auch auf die Förderung der Schulfähigkeit der Kinder. Aufgrund der großen Unterschiede in den Lebensbedingungen, den Lebenssituationen der einzelnen Kinder und Lebensstilen der Familien müssen sich die Erzieherinnen verstärkter als früher auf jedes einzelne Kind einstellen, es beobachten, begleiten, individuell fördern und unterstützen; eine Aufgabe, die für Erzieherinnen nicht leicht zu bewältigen ist und die durch vermehrte Anforderungen von Eltern in Bezug auf Erziehung und Förderung und durch elterliche Beratungswünsche zum Thema Schulfähigkeit ihrer Kinder noch komplexer geworden ist. Die gesellschaftlichen Veränderungen haben u. a. auch die Schere der Schulfähigkeit von Kindern weit auseinander klaffen lassen, so dass die einen trotz gleichen Alters schulfähiger sind als die anderen. Eltern und Schule sollte daher auch die Möglichkeit gegeben werden, den Schulbeginn der Kinder unabhängig von ihrem Alter festzulegen. Die neuen schulrechtlichen Bestimmungen schaffen hierfür die Voraussetzungen.

3 Schulrechtliche Bestimmungen zur Einschulungspraxis

Das Schulfähigkeitskonzept fand in den noch bis vor kurzem geltenden Schulrechtsbestimmungen der Bundesländer nicht genügend Berücksichtigung. Kinder mussten zum 30. Juni das sechste Lebensjahr vollendet haben, um eingeschult zu werden. Auf Antrag der Eltern und mit Zustimmung der Schulleitung der aufnehmenden Grundschule konnte dieser Stichtag zwar bis zum 31. Dezember „überschritten" werden, aber dennoch wurde immer häufiger die Forderung nach Aufhebung der relativ starren Altersgrenzen gestellt. Viele Eltern wünschten sich, dass nicht ausschließlich das Lebensalter über den Schuleintritt eines Kindes entscheiden sollte, sondern auch die persönlichen Fähigkeiten und Fertigkeiten des Kindes zum Zeitpunkt der Einschulung.

In Deutschland lag das durchschnittliche Einschulungsalter bei sechs Jahren und acht Monaten, so dass man davon ausgehen kann, dass nicht wenige Kinder den siebten Geburtstag bei der Einschulung schon hinter sich hatten. Deutschland befand sich in den vergangenen Jahren europaweit immer am oberen Ende der Alterspanne. In Großbritannien, Irland, Luxemburg und den Niederlanden wurden Kinder schon seit längerem bereits mit fünf Jahren eingeschult, in Dänemark allerdings erst mit sieben. Eine große Differenz zeigt sich nicht nur im europäischen Ländervergleich, sondern auch innerhalb Deutschlands (Tab. 1).

Tab. 1: Vorzeitige Einschulungen
(in Prozent der eingeschulten Kinder)

	1998/1999			1999/2000		
	zus.	männl.	weibl.	zus.	männl.	weibl.
Baden-Württemberg	0,73	0,03	0,73	0,73	0,57	0,95
Bayern	4,26	3,03	5,55	4,82	3,49	6,22
Berlin	3,76	2,90	4,68	4,69	3,69	5,75
Brandenburg	2,25	1,69	2,84	2,30	1,60	3,06
Bremen	10,79	8,26	13,54	11,39	8,51	14,41
Hamburg	5,45	4,05	6,92	7,08	5,35	8,91
Hessen	8,30	7,09	9,56	8,76	7,39	10,19
Mecklenburg-Vorpommern	1,62	1,28	1,99	1,79	1,49	2,12
Niedersachen	4,61	3,37	5,91	5,05	3,82	6,36
Nordrhein-Westfalen	2,65	2,07	3,26	3,29	2,47	4,16
Rheinland-Pfalz	3,27	2,39	4,20	3,78	2,90	4,72
Saarland	5,88	4,78	7,06	5,92	5,11	6,79
Sachsen	1,12	0,79	1,48	1,22	0,88	1,58
Sachsen-Anhalt	1,36	0,91	1,84	1,42	1,11	1,74
Schleswig-Holstein	4,11	2,88	5,42	4,71	3,44	6,04
Thüringen	2,27	1,89	2,68	1,20	0,88	1,54

Quelle: Statistisches Bundesamt Wiesbaden

Die einzelnen Bundesländer verfahren mit der frühzeitigen Einschulung von Jungen und Mädchen sehr unterschiedlich. Auch wenn die Anzahl der frühzeitigen Einschulungen in fast allen Bundesländern in den letzten beiden Jahren gestiegen ist und damit ein positiver Schritt in Richtung vorzeitiger Einschulung

und damit Individualisierung und Flexibilisierung des Schul-
eingangsalters zu verzeichnen ist, so sind dennoch die Ungleich-
heiten und Divergenzen zwischen den einzelnen Bundesländern
nach wie vor sehr groß. Von den alten Bundesländern weist Baden-Württemberg erstaunlicherweise die geringste Anzahl an
früh einzuschulenden Kindern auf. Damit steht Baden-Württemberg im Vergleich zu allen anderen Bundesländern am
untersten Ende. In den neuen Bundesländern schulten in den
vergangenen Jahren Mecklenburg-Vorpommern, Sachsen, Sach-
sen-Anhalt und Thüringen prozentual gesehen ebenfalls nur
wenige Kinder vorzeitig ein, wobei Thüringen im Schuljahr
1999/2000 die Zahl der vorzeitig eingeschulten Kinder sogar
noch verringert hat. Thüringen ist das einzige Bundesland, das
keine Steigerungsrate aufweist. Bremen dagegen liegt in der Anzahl der frühzeitig einzuschulenden Jungen und Mädchen von
allen Bundesländern an der Spitze, wenn auch mit großen Unterschieden zwischen Mädchen und Jungen. Dieser Unterschied
trifft für alle anderen Bundesländer ebenfalls zu. Es werden
überall fast doppelt so viel Mädchen wie Jungen frühzeitig eingeschult. Jungen zeigen – dies wird in allen entsprechenden Untersuchungen bestätigt – eine größere Anfälligkeit für Sprachstörungen, neurologische und psychosomatische Störungen,
Verhaltensauffälligkeiten im sozialen und emotionalen Bereich
sowie für psychopathologische Symptome wie Stottern, Einnäs-
sen usw. (Döpfner, Lehmkuhl u. a. 2000). Sie weisen daher häufiger als Mädchen Verzögerungen in ihrer Entwicklung auf und
werden daher seltener als Mädchen frühzeitig eingeschult.

Die in der Vergangenheit erfolgte Festlegung der Schulpflicht
auf das Alter von sechs Jahren entspricht zwar dem statistischen
Durchschnitt, wird jedoch Kindern in ihrer individuellen Entwicklung nicht immer gerecht. Manche Kinder sind lange vor
Vollendung ihres sechsten Lebensjahres schulfähig, manche
auch danach noch nicht. Da sich kindliche Lebens- und Erfah-

rungsräume und damit auch das Entwicklungsprofil von Schulanfängern in den letzten Jahrzehnten verändert haben, hat die Kultusministerkonferenz am 24.10.1997 an alle Kultusministerien bzw. Senatsverwaltungen und Behörden der Bundesländer die Empfehlung herausgegeben, den Stichtag des bis dahin geltenden 30. Juni als allgemeinen Richtwert zwar beizubehalten, aber auch die Zeitspanne zwischen dem 30. Juni und 30. September, innerhalb derer die Kinder das 6. Lebensjahr vollendet haben sollten, zu berücksichtigen. Darüber hinaus – so die Empfehlung – sollen in begründeten Ausnahmefällen auch schon diejenigen Kinder vorzeitig eingeschult werden, die erst nach dem 31. Dezember sechs Jahre alt werden, sofern sie die erforderlichen körperlichen und geistigen Voraussetzungen besitzen und ihr soziales Verhalten ausreichend entwickelt ist. Für Kinder, die trotz ihrer sechs Jahre noch nicht die nötige Schulreife aufweisen, gab und gibt es auch weiterhin die Zurückstellung in den Schulkindergarten.

Diese Empfehlung, der bis heute Bayern, Baden-Württemberg, Nordrhein-Westfalen und Bremen am weitgehendsten gefolgt sind, berücksichtigt den individuellen Entwicklungsstand von Kindern weit mehr als bisher. Zu einem flexiblen Schulbeginn, der nicht mehr die starre Altersgrenze von sechs Jahren als für alle Kinder verbindlich festsetzt, gehört sowohl die Akzeptanz „frühzeitiger" als auch „späterer" Einschulungen. Einige Bundesländer halten zwar noch an der alten Regelung fest, lassen jedoch nach wie vor auch Ausnahmen zu und legen unter Berücksichtigung des Elternwunsches die Entscheidung in die Hände der aufnehmenden Grundschule. Es scheint eine Frage der Zeit zu sein, bis auch sie der Empfehlung der Kultusministerkonferenz folgen. Als Beispiel für Nordrhein-Westfalen und Baden-Württemberg sollen die neuen Bestimmungen hier in ihrem Wortlaut wiedergegeben und kommentiert werden:

Schulpflichtgesetz Baden-Württemberg:

§ 73: Beginn der Schulpflicht

(1) Mit dem Beginn des Schuljahres sind alle Kinder, die bis zum 30. Juni des laufenden Kalenderjahres das sechste Lebensjahr vollendet haben, verpflichtet, die Grundschule zu besuchen. Dasselbe gilt für Kinder, die bis zum 30. September des laufenden Kalenderjahres das sechste Lebensjahr vollendet haben und von den Erziehungsberechtigten in der Grundschule angemeldet wurden.

§ 74: Vorzeitige Aufnahme und Zurückstellung

(1) Auf Antrag der Erziehungsberechtigten können Kinder, die gemäß § 73 Abs. 1 noch nicht schulpflichtig sind, zu Beginn des Schuljahres in die Schule aufgenommen werden, wenn auf Grund ihres geistigen und körperlichen Entwicklungsstandes zu erwarten ist, dass sie mit Erfolg am Unterricht teilnehmen werden. Die Entscheidung über den Antrag trägt die Schule; bestehen Zweifel am hinreichenden geistigen und körperlichen Entwicklungsstand des Kindes, zieht die Schule ein Gutachten des Gesundheitsamtes bei. Wird dem Antrag stattgegeben, beginnt die Schulpflicht mit der Aufnahme in die Schule.

(2) Kinder, von denen bei Beginn der Schulpflicht auf Grund ihres geistigen und körperlichen Entwicklungsstandes nicht erwartet werden kann, dass sie mit Erfolg am Unterricht teilnehmen, können ein Jahr vom Schulbesuch zurückgestellt werden; mit Zustimmung der Erziehungsberechtigten können auch Kinder zurückgestellt werden, bei denen sich dies während des ersten Schulhalbjahres zeigt. Die Entscheidung trifft die Schule unter Beibeziehung eines Gutachtens des Gesundheitsamtes. Die Zeit der Zurückstellung wird auf die Dauer der Pflicht zum Besuch der Grundschule nicht angerechnet.

(3) Kinder, die vorzeitig eingeschult oder vom Schulbesuch zurückgestellt werden sollen, sind verpflichtet, sich auf Verlangen der Schule bzw. der Schulaufsichtsbehörde an einer pädagogisch-psychologischen Prüfung (Schuleignungsprüfung und Intelligenztest) zu beteiligen und vom Gesundheitsamt untersuchen zu lassen.

Schulpflichtgesetz Nordrhein-Westfalen:

§ 3

(1) Die Schulpflicht beginnt für alle Kinder, die bis zum Beginn des 30. Juni das sechste Lebensjahr vollendet haben, am 1. August desselben Kalenderjahres.

(2) Kinder, die nach dem in Absatz 1 genannten Zeitpunkt das sechste Lebensjahr vollenden, können auf Antrag der Erziehungsberechtigten zu Beginn des Schuljahres in die Schule aufgenommen werden, wenn sie die für den Schulbesuch erforderlichen körperlichen und geistigen Voraussetzungen besitzen und in ihrem sozialen Verhalten ausreichend entwickelt sind (Schulfähigkeit). Die Entscheidung trifft der Schulleiter. Vorzeitig in die Schule aufgenommene Kinder werden mit der Aufnahme schulpflichtig.

Verwaltungsvorschriften zur Verordnung über den Bildungsgang in der Grundschule

§ 3

(2) Die Schulleiterin oder der Schulleiter entscheidet über die Aufnahme aufgrund einer Untersuchung durch die vom Gesundheitsamt bestellte Schulärztin oder den vom Gesundheitsamt bestellten Schularzt. Die schulärztliche Untersuchung umfasst die Feststellung des körperlichen Entwicklungsstandes und die Beurteilung der allgemeinen

gesundheitlich bedingten Leistungsfähigkeit einschließlich der Sinnesorgane.

§ 4

(1) Die Schulleiterin oder der Schulleiter kann ein schulpflichtiges Kind gemäß § 3 SchpflG vor der Einschulung für ein Jahr vom Schulbesuch zurückstellen, wenn im schulärztlichen Gutachten erhebliche Bedenken gegen die Einschulung geltend gemacht werden. Vor der Entscheidung sind die Erziehungsberechtigten zu hören.

(2) Auf Antrag der Erziehungsberechtigten kann die Schulleiterin oder der Schulleiter ein schulpflichtiges Kind für ein Jahr zurückstellen, wenn aufgrund eines Berichtes des bisher besuchten Kindergartens oder eines ärztlichen oder psychologischen Gutachtens und nach einem Beratungsgespräch mit den Erziehungsberechtigten davon ausgegangen werden kann, dass das Kind durch die Teilnahme am Unterricht der ersten Klasse nicht angemessen in seiner Entwicklung gefördert werden kann. Vor der Entscheidung ist ein schulärztliches Gutachten einzuholen, sofern es nicht vorliegt.

(3) Die Schulleiterin oder der Schulleiter kann nach der Einschulung eine Schülerin oder einen Schüler für ein Jahr vom Schulbesuch zurückstellen, wenn eine ausreichende Förderung nicht möglich ist, dabei ist das Einvernehmen mit den Erziehungsberechtigten über die Zurückstellung ihres Kindes anzustreben. Die Entscheidung erfolgt in der Regel innerhalb von sechs Wochen.

Das Gemeinsame der baden-württembergischen und nordrhein-westfälischen Gesetzgebung zum Schulbeginn liegt darin, dass sie zwar noch am Stichtag des 30. Juni als allgemeiner Richtschnur festhalten, jedoch ausdrücklich vorsehen, dass Kinder auch dann eingeschult werden können, wenn sie zum Zeitpunkt des Stichtages, den Baden-Württemberg bis zum 30. September ausdehnt, das sechste Lebensjahr noch nicht vollendet haben. Beide Länder betonen die Entscheidungskompetenz der Schule, also des Schulleiters bzw. der Schulleiterin. In Nordrhein-Westfalen stützen sich der Schulleiter bzw. die Schulleiterinnen in ihren Entscheidungen auf das vorher einzuholende schulärztliche Gutachten. In Baden-Württemberg ziehen Schulleiter bzw. Schulleiterinnen nur bei bestehenden Zweifeln an der Schulfähigkeit des Kindes ein solches Gutachten heran bzw. verlangen die Teilnahme an einer pädagogisch-psychologischen Prüfung.

Kinder, die vom Schulbesuch zurückgestellt werden, besuchen den Schulkindergarten bzw. die Vorschule. Das Jahr, das sie dort verbringen, wird nicht der allgemeinen Schulpflicht zugerechnet. In diesem Punkt hat sich an den neuen Bestimmungen nichts geändert. Gründe für die Aufnahme in den Schulkindergarten sind neben Rückständen in der allgemeinen Entwicklung eines Kindes, z. B. durch häufige Krankheiten und Krankenhausaufenthalte, Verzögerungen in der emotionalen und sozialen Entwicklung wie Verspieltheit, Ängstlichkeit, Schüchternheit und Selbstbezogenheit. Vielfach führen auch feststellbare Schwächen im kognitiven Bereich wie mangelnde Konzentration, Schwierigkeiten in der visuellen und akustischen Wahrnehmung, Verzögerungen in der Sprachentwicklung sowie Auffälligkeiten in der Motorik zur Zurückstellung vom Schulbesuch. Ziel des Schulkindergartens bzw. der Vorschule ist, die Kinder zur Schulfähigkeit hinzuführen.

Der Schulkindergarten in Nordrhein-Westfalen weist einen mehrere Grundschulen übergreifenden Einzugsbereich auf und ist in einem der Grundschulgebäude angesiedelt. Er stellt eine Nahtstelle zwischen Kindergarten und Grundschule dar. Die Arbeitsmethoden und -formen sind zwar überwiegend am Spiel orientiert und überschneiden sich in dieser Hinsicht mit den

Arbeitsweisen des Kindergartens, gleichwohl werden im Schulkindergarten aber auch die Fähigkeiten gezielt geschult, die für
das erfolgreiche Lernen in der Grundschule nötig sind, wie z. B.
Zuhören können, Anweisungen befolgen, richtige Stiftführung
beim Malen, Schulung visueller und akustischer Fähigkeiten.
Anders als beim Kindergarten besteht der Bildungsauftrag des
Schulkindergartens darin, auf die Grundschule hinzuarbeiten,
ohne jedoch Leistungsinhalte der Schule wie Rechnen, Schreiben oder Lesen vorwegzunehmen. Die Arbeit im Schulkindergarten bzw. der Vorschule stellt eine kompensatorische Hilfe
und Unterstützung für diejenigen Kinder dar, die zwar schulpflichtig, jedoch noch nicht schulfähig sind.

Die neuen schulrechtlichen Bestimmungen sind eine längst
überfällige Antwort auf die veränderten Entwicklungsprozesse
von Kindern, die, wie dargestellt, auch eine Folge gesellschaftli-
cher Veränderungen sind. Im Folgenden sollen zunächst einmal
die Fragen im Vordergrund stehen, wie aus einem Kindergartenkind ein Schulkind wird und woran Erzieherinnen erkennen
können, ob ein Kind schulfähig ist.

4 Aus Kindergartenkindern werden Schulkinder

4.1 Der Bildungs- und Erziehungsauftrag des Kindergartens

Im Unterschied zur Schule ist der Besuch des Kindergartens keine Verpflichtung, sondern ein Recht, das jedem Kind im entsprechenden Alter von staatlicher Seite zugestanden wird. Der Kindergarten stellt ein freiwilliges Angebot neben der Familienerziehung dar. Er hat die Aufgabe, Kinder vom vollendeten dritten Lebensjahr bis zum Beginn ihrer Schulpflicht aufzunehmen, zu betreuen und in ihrer Gesamtpersönlichkeit zu fördern, zu erziehen und zu bilden. Als sozialpädagogische Einrichtung hat der Kindergarten einen eigenständigen Betreuungs-, Erziehungs- und Bildungsauftrag zu erfüllen und grenzt sich damit von der Schule ab, die vorrangig eine Bildungsinstitution ist. Seine Aufgabe ist weder der Schule zuzuarbeiten und ihr „schulfertige" Kinder „abzuliefern", noch die Kinder schon in Schulfächern üben zu lassen. Vielmehr hat er das Ziel, die Kinder so zu fördern und zu erziehen, dass sie beim Schuleintritt aufgeschlossen, selbstständig und gemeinschaftsfähig sind und sich bis dahin Kenntnisse, Fähigkeiten und Fertigkeiten erworben haben, welche sie befähigen, auch die für sie neue und unbekannte Schulumwelt zu erfassen und zu bewältigen.

Die Eigenständigkeit des Erziehungs- und Bildungsauftrags des Kindergartens ergibt sich aus der Altersstruktur der Kindergartenkinder und ihrer besonderen Art, die Umwelt wahrzunehmen und ihre Eindrücke zu verarbeiten. Kindergartenkinder lernen weniger durch eindimensionale gezielte Papier-Bleistift-Aktivitäten als vielmehr durch vielfältiges Erfahren und Erleben und durch Wahrnehmung ihres Körpers. Sie lernen handlungs- und erlebnisbezogen, spielerisch mit allen Sinnen und vor allem über motorische Aktivitäten. Daher wird dem Bewegungsdrang und dem Tobebedürfnis von Kindern sowie dem freien Spiel draußen sehr viel mehr Raum gegeben als früher.

Die Kindergartenpädagogik hat sich in den letzten Jahrzehnten sehr gewandelt: In den 50er Jahren wurde der Kindergarten als Ort der Betreuung und Bewahrung angesehen. Mit der Bildungsreform der 70iger Jahre wurden die pädagogischen Konzepte differenzierter: Der Kindergarten wandelte sich zu einem Ort gezielten Lernens, wobei die Förderung kognitiver Fähigkeiten und vor allem Ziele der kompensatorischen Erziehung im Vordergrund standen. Mit Lern- und Denkspielen, logischen Blöcken, Sprachtrainingsmappen und Trainingsprogrammen zur Förderung der Intelligenz und der visuellen und akustischen Differenzierungsfähigkeit versuchte man, eine Chancengleichheit zwischen sozial und familiär benachteiligten und nicht benachteiligten Kindern herzustellen (Hebenstreit 1994). Die hohen Erwartungen, die mit dieser kompensatorischen Erziehung einhergingen, wurden jedoch nicht erfüllt.

An die Stelle der einseitig kognitiv orientierten Förderung trat dann in den achtziger und neunziger Jahren die Förderung der sozial-emotionalen Fähigkeit der Kinder. Begriffe wie Kommunikations- und Konfliktfähigkeit, Selbstständigkeit und Verantwortungsbewusstsein traten in den Vordergrund. Die soziale Erziehung wurde als Voraussetzung für die Wirksamkeit einer optimalen kognitiven Förderung angesehen. Man nahm an, dass die Intelligenz eines Kindes nicht allein entscheidend sei für Schul- oder Berufserfolg, sondern mindestens ebenso seine sozialen und emotionalen Fähigkeiten. Diese zu fördern und dabei den Kindern einen Lebensraum zur Verfügung zu stellen, in dem sie Möglichkeiten zur Auseinandersetzung mit ihrer

Umwelt finden, das wurden fortan und sind auch heute noch die Ziele des Kindergartens. Der Erziehungs- und Bildungsauftrag des Kindergartens besteht darin, Kinder zwischen drei und sechs Jahren so zu fördern, dass sie ihre emotionalen, sozialen und kognitiven Fähigkeiten entwickeln und ihre schöpferischen Kräfte aktivieren können. Erzieherinnen fördern, ohne „vorzugreifen" (Naumann 1998).

In der Debatte um die sogenannte Schulvorbereitung wird oft zu Recht kritisch eingewandt, dass es nicht Aufgabe des Kindergartens sei, auf die Schule, sondern auf das Leben vorzubereiten. Und gerade die dabei erworbenen Kompetenzen machen die Kinder stark, auch die neuen Anforderungen der Schule erfolgreich zu bewältigen. Wie kann der Kindergarten auf das Leben vorbereiten und welche Rahmenbedingungen kann er setzen?

Auf das Leben vorbereiten heißt Kindern ermöglichen, Lebenskompetenz zu erwerben, d. h. Grundfähigkeiten, die es ihnen gestatten, mit zunehmendem Lebensalter in einem immer größeren Ausmaß ihr Leben zu meistern und selbstverantwortlich zu gestalten. Dazu ist Entscheidungsfähigkeit notwendig. Eine wesentliche Voraussetzung zum Erwerb von Lebenskompetenz besteht darin, dass Erzieherinnen Kindern das Vermögen zur Selbstbestimmung und Selbstverantwortung überhaupt zutrauen und ihnen immer wieder Gelegenheit geben, selbstverantwortlich zu handeln. Das Kind ist als Akteur seiner Entwicklung zu begreifen, als jemand, der sich das holt, was er braucht (Naumann 1998). Die Rahmenbedingungen, die der Kindergarten setzen kann, bestehen u. a. darin, dass er Kindern in ihrem alltäglichen Handeln und der Auswahl ihrer Spielaktivitäten möglichst viele Entscheidungsfreiräume bietet, denn Kinder können nur dann selbstständig sein, wenn sie gelernt haben, Entscheidungen zu treffen und die Konsequenzen dieser Entscheidungen zu tragen.

Eine weitere Rahmenbedingung ist die Begegnung mit anderen Kindern. Das Zusammensein mit Kindern ermöglicht es dem einzelnen Kind, wichtige soziale Erfahrungen zu machen, die für das spätere Zusammensein mit anderen Menschen von großer Bedeutung sind. Es geht um die Ermöglichung eines ganzheitlichen Erlebens in der Kindergruppe, um „sinnstiftende Erfahrungen", um Interaktion und Kooperation, um Phantasie, Selbstständigkeit und Entscheidungsfähigkeit (Colberg-Schrader 1993). Die Kindergruppe hat einen besonderen Stellenwert. Das Gruppenleben regt Kinder dazu an, sich über eigene Vorlieben und Abneigungen klar zu werden, sich mit anderen auseinander zu setzen, deren Vorschläge kennen zu lernen, sich darauf einzustellen und zu reagieren, sich von anderen anregen zu lassen oder aber auch sich von ihnen abzusetzen. Durch die Interaktion mit anderen Kindern entwickelt das Kind ein reflexives Bewusstsein von sich selbst. Die Interaktion mit Gleichaltrigen spielt eine große Rolle bei der Herausbildung der eigenen Identität. Auf das Leben vorbereiten heißt auch Grenzen setzen und mit Kindern Regeln aushandeln. Schon Kindergartenkinder müssen wissen und erfahren, dass sie die Rechte anderer Kinder und auch die der Erzieherinnen nicht verletzen dürfen. Ohne Regeln ist ein soziales Zusammenleben in der Gesellschaft nicht möglich.

Zur Förderung der Lebenskompetenz gehen viele Erzieherinnen von den Lebenssituationen und Erfahrungsbereichen der Kinder aus und unterstützen sie darin, Situationen ihres gegenwärtigen und zukünftigen Lebens selbstständig, aktiv und kompetent zu bewältigen. Der situationsorientierte Ansatz ist einer von vielen pädagogischen Konzepten, in deren Vordergrund das Bemühen steht, Lern- und Erfahrungsprozesse zu ermöglichen und die tägliche Arbeit aus den realen Lebenssituationen der Kinder zu begründen. Er verwirklicht eine „ganzheitliche Pädagogik", die darin besteht, Kinder die Welt durch Eigenaktivität erfahren zu lassen und ihnen die unmittelbare Begegnung mit gleichaltrigen Kindern, mit Erwachsenen, Tieren, Gegenständen, Objekten und Situationen zu ermöglichen (Krenz 1994).

4.2 Entwicklungspsychologische Aspekte

Eine besondere Lebenssituation stellt das Ende der Kindergartenzeit und der bevorstehende Schulanfang dar. Erzieherinnen bereiten in dieser letzten Phase des Kindergartenbesuchs ihre „abzugebenden" Kinder konkret auf den Schulbeginn vor. Es geht darum, dass aktuelle und bevorstehende Lebenssituationen von Kindern auf der emotionalen Ebene nacherlebt, auf der kognitiven Ebene verstanden und auf der Handlungsebene aufgearbeitet bzw. verändert werden, so dass die Kinder dabei neue Kompetenzen entwickeln können (Stoll 1995). Im Folgenden werden entwicklungspsychologische Tendenzen sowie die Erweiterung der Fähigkeiten und Fertigkeiten in den einzelnen Bereichen, so wie sie sich bei der Mehrzahl aller Kindergartenkinder zeigen, dargestellt. Das soll nicht heißen, dass sie bei allen Kindern gleich verlaufen, es gibt bei ihnen Fort- und Rückschritte, manchmal auch vorübergehenden Stillstand in der Entwicklung. Manche Kinder erreichen das erforderliche Entwicklungsniveau früher oder auch später, und einige Kinder benötigen mehr Unterstützung und mehr Förderung als andere Kinder, aber im Durchschnitt vollziehen sich bei allen Kindern ähnliche Weiterentwicklungen. Darüber hinaus soll mit der entwicklungspsychologischen Darstellung auch ein Bewusstsein dafür geschaffen werden, dass für die Erzieherin die Auseinandersetzung mit dem Thema Schulfähigkeit bereits beim Eintritt des Kindes in den Kindergarten beginnt. Es geht darum, von Anfang an die Entwicklung des Kindes zu beobachten, zu begleiten und zu unterstützen sowie ein Gespür dafür zu entwickeln, wann Interventionen in Form von Gesprächen mit den Eltern, Hinzuziehen von Experten usw. notwendig sind.

4.2.1 Die geistige Entwicklung

Unter geistiger Entwicklung versteht man die Entwicklung des Denkens, aber auch die der Wahrnehmung, des Sprechens und des Sprachverständnisses. Denken, Wahrnehmung und Sprache hängen eng miteinander zusammen. Eine umfassende Theorie zur Entwicklung des Denkens legte der Entwicklungspsychologe Jean Piaget (1947; 1972) vor. Nach ihm vollzieht sich die Intelligenzentwicklung eines Kindes in mehreren Stufen, und zwar vom ersten Lebenstag an.

- Sensumotorische Entwicklung (bis zu 24 Monaten)
- Stufe des symbolischen oder vorbegrifflichen Denkens (24 Monate bis 4 Jahre)
- Stufe des anschaulichen Denkens (4 Jahre bis 7/8 Jahre)
- Stufe der konkreten Operationen (7/8 Jahre bis 11/12 Jahre)

Piagets Verdienst ist es, aufgezeigt zu haben, dass die Intelligenzentwicklung zunächst fest mit der Wahrnehmung verbunden ist und mit zunehmendem Alter immer unabhängiger von ihr wird. Schon der Säugling verfügt über intelligente Anpassungsleistungen an seine Umgebung, die sich durch „sensu-motorisches" Handeln, durch die Verbindung von Sensorik und Motorik, charakterisieren lassen. Seine Handlungen sind an Wahrnehmungseindrücke gekoppelt, wobei seine Fähigkeiten zur Formunterscheidung, Figur-Grundwahrnehmung und zur Konstanzwahrnehmung mit zunehmendem Lebensalter immer ausgereifter werden. Diese Fähigkeiten bilden die wesentliche Voraussetzung dafür, die Umwelt realitätsgerecht erfahren zu können. Wenn Piaget im Säuglings- und Kleinkindalter von

Wahrnehmung spricht, dann von einer „sensumotorischen", denn um zu begreifen, sieht, ertastet, ergreift und bewegt das Kind Gegenstände und zeigt auf diese Weise ein vorbegriffliches Denken, das sich rein auf der Wahrnehmungs-Handlungs-Ebene vollzieht. Am Beispiel von Peter seien die entwicklungspsychologischen Fortschritte im geistigen Bereich vom Kleinkind- bis zum Kindergartenalter geschildert:

Der einjährige Peter hält eine Rassel in seiner Hand (Faust) und schüttelt sie hingebungsvoll und mit großer Ausdauer. Fällt sie ihm jedoch aus der Hand, lässt er sie liegen. Sehen und Greifen sind noch nicht koordiniert. Einige Monate später wird er die Rassel, die ihm aus der Hand fällt, suchen, denn er hat das Schema „Rassel" verinnerlicht, sie in seiner Vorstellung gespeichert und einen Begriff dafür erworben. Der zweijährige Peter kann nicht nur schon Klötzchen mit seinen Fingern greifen, sie fallen lassen und wieder aufnehmen, sondern er kann auch schon zwischen einem wirklich vorhandenen oder einem nur vorgestellten Symbol unterscheiden. Er kennt mehrere sprachliche Begriffe. Mit drei und vier Jahren spielt Peter mit den Klötzchen Eisenbahn und macht dazu Geräusche: „Brumm, brumm". Das Klötzchen fährt als Eisenbahn oder Auto über den Teppich. Mit fünf oder sechs Jahren hat Peter große Fortschritte in der Sprachentwicklung gemacht und benennt verschiedene Wahrnehmungsaspekte wie z. B. „lang" und „schmal" und „breit" und „niedrig". Aber er kann sie noch nicht miteinander in Beziehung setzen, er lässt sich noch von verschiedenen Wahrnehmungseindrücken verwirren und kommt daher zu falschen Schlussfolgerungen.

Sehr gut lässt sich das Urteilsvermögen von Kindergartenkindern an Piagets berühmten „Umschüttversuchen" verdeutlichen (Tab. 2):

Tab. 2: Der Umschüttversuch (schematische Darstellung)

A B1 B2 C	A B2	B2 C

Verschieden breite Gläser werden vor Peter aufgebaut. Vor
seinen Augen wird eine Flüssigkeit („Saft") in die gleich breiten Gläser B1 und B2 geschüttet. Er wird gefragt, ob in beiden Gläsern gleich viel Saft sei. Er überzeugt sich davon, dass
in beiden Gläsern gleich viel Saft ist. Dann wird er gebeten,
die Flüssigkeit von B1 in das Glas A zu schütten, um darauf-
hin anzugeben, ob immer noch gleich viel Flüssigkeit in den
Gläsern A und B2 sei. Als typisches Kindergartenkind, das
sich auf der Stufe des anschaulichen Denkens befindet, wird
Peter antworten: „Nein, hier (A) ist mehr Saft drin, weil das
hier höher ist" (er zeigt auf den höheren Flüssigkeitsspiegel
in A), oder er wird antworten: „Nein, hier ist weniger Saft
drin (B2), weil das hier niedriger ist." (Er zeigt auf den nied-
rigeren Flüssigkeitsspiegel in B2). Anschließend wird Peter
gebeten, den Saft aus dem Glas A wieder in das Glas B1 zu-
rückzuschütten, um nun zu überprüfen, ob denn jetzt wieder gleich viel Saft in beiden Gläsern (B1 und B2) sei. Er
wird antworten: „Ja, jetzt ist wieder gleich viel Saft in beiden
Gläsern". Zum Schluss wird er gebeten, den Saft aus B1 in
das Glas C zu schütten, und wird wieder gefragt, ob denn
jetzt gleich viel Saft in beiden Gläser (B2 und C) wäre. Was
wird er antworten?

Typisch an Peters Argumentation ist, dass er sich an seinem Wahrnehmungseindruck orientiert: Dort, wo der Flüssigkeitsspiegel höher ist – so antwortet er – ist auch mehr Flüssigkeit. Für ihn scheint es kein Widerspruch zu sein, dass nach dem Umschütten von B1 nach A in A mehr Flüssigkeit ist als in B2, obwohl er doch nichts dazugetan hat. „Mehr" bedeutet für ihn „höher". Ihm gelingt es noch nicht, die unterschiedlichen Wahrnehmungseindrücke, die Dimensionen: hoch/dünn und niedrig/breit miteinander zu verbinden, so dass er sagt: „Hier ist mehr" oder „Dort ist weniger", obwohl er vorher von der Gleichheit der Flüssigkeitsmenge überzeugt war. Peter – und mit ihm die Mehrheit der Kindergartenkinder – erfasst den Zustand und nicht die Transformation (das Umschütten), er kann eine offensichtliche Handlung, die er beobachtet hat, mental nicht rückgängig machen. Sein Denken ist noch nicht beweglich, sondern rigide. Es zentriert sich nur auf einen und nicht auf mehrere Wahrnehmungsaspekte (Piaget/Inhelder 1972).

Erst in der nächsten Phase, der Stufe der konkreten Operationen, gelingt es Kindern (ab 7/8 Jahren), verschiedene Aspekte der Wahrnehmung miteinander zu verbinden. Schulkinder bzw. schulfähige Kinder erreichen im Allgemeinen die Stufe der konkreten Operationen vor bzw. kurz nach Schuleintritt (Piaget 1972).

In meinem Beispiel wird der siebenjährige Peter wie selbstverständlich bei den Umschüttversuchen antworten:

„Hier ist es höher, dafür ist es hier breiter". Jetzt berücksichtigt Peter in seinen Denküberlegungen sowohl die Höhe als auch die Breite und setzt sie miteinander in Beziehung. Seine Denkoperationen sind die der Koordination (gedanklich in Beziehung setzen: Höhe und Breite) oder auch Kompensation (gedanklich einen Ausgleich vornehmen: wenn hier das Glas hoch und schmal ist, dann ist es dafür hier niedrig und breit) oder der Reversibilität (gedanklich umkehren: rückgängig machen). Er antwortet eventuell auch mit dem Argument: „Ich kann es ja wieder zurückschütten, um zu sehen, ob es gleich viel ist".

Es ist heute bekannt, dass entsprechende Denkleistungen, die Piaget erst bei Sechs- bis Siebenjährigen feststellte, auch von Übung und Erfahrung abhängig und damit schon bei älteren Kindergartenkindern anzutreffen sind. Ob Kinder fördernde oder hemmende Lernbedingungen vorfinden, welcher Art ihre Lernerfahrungen sind und wie ihre erzieherische Gesamtsituation ist, hat zur Folge, dass gleichaltrige Kinder über sehr unterschiedliche kognitive Fähigkeiten verfügen. Das Wissen über diese Einflussfaktoren ermutigt Erzieherinnen, die Entwicklung des Denkens bei Kindern aktiv anzuregen und ihnen immer wieder mit spielerischen Situationen Anregungen zum Nachdenken zu geben.

Die Fortschritte im logischen Denken, die ein Kindergartenkind bei entsprechender Unterstützung und entsprechenden Anreizen machen kann, sind beträchtlich. Sie zeigen sich vor Schuleintritt darin, dass ein schulfähiges Kind gelernt hat, Mengen und Substanzen (Knete, Perlen, Flüssigkeit) unabhängig von ihrer äußeren Form zu betrachten. Auch wenn der Flüssigkeitsspiegel ein anderer ist, die Form der Knetkugel sich ändert oder die Perlen anders als vorher gereiht werden, so bleibt doch jeweils die Menge erhalten, wenn nichts hinzugetan oder weggenommen wurde. Das Denken wird flexibler. Ältere Kindergartenkinder und jüngere Schulkinder können bei angemessener Förderung Denkoperationen umkehren und zu ihrem Ausgangspunkt zurückkehren. Sie sind in der Lage, sich einzelne Denkschritte vorzustellen und sind damit von der konkreten Handlungsausführung unabhängig. Sie sind jedoch noch nicht fähig, abstrakt zu denken und Denkoperationen auf sinnlich nicht erfahrbare Inhalte zu beziehen. Dies ist der letzten Stufe, der Stufe der formalen Operation vorbehalten, die im Allgemeinen 12-jährigen Kindern und Jugendlichen zugeschrieben wird.

Erzieherinnen werden Entwicklungsprozesse des Denkens stets spielerisch fördern, u. a. auch mithilfe der zahlreichen Denk- und Ratespiele, die es auf dem Spielzeugmarkt gibt. Erzieherinnen fördern das Denk- und Vorstellungsvermögen der Kinder auch dadurch, dass sie deren Fragen realitätsgerecht beantworten und nicht ihrerseits wie in Märchenbüchern auf anthropomorphe Erklärungsmuster zurückgreifen. Um ein Beispiel zu nennen: Es donnert nicht, weil es einen „Donnermann" gibt, sondern weil Luftbewegungen aufeinander stoßen. Anthropomorphe Erklärungsmuster mögen für Zwei- bis Vierjährige passend sein, nicht jedoch für ältere Kindergartenkinder. Auch wenn nicht alle fünf- bis sechsjährigen Kinder diese Erklärungen verstehen, so verfestigen sich doch wenigstens nicht realitätsferne und ans Magische grenzende Vorstellungen. Dies gilt für alle praktischen Alltagserfahrungen und für alle sachgerechten Erklärungen von Wirkungszusammenhängen (Nickel/Schmidt-Denter 1995).

Denkprozesse und Problemlösungen sind auch von anderen Aspekten abhängig, z. B. von emotionalen Faktoren, von Erfolgs- bzw. Misserfolgserlebnissen, Selbstvertrauen sowie von der Herangehensweise an Problemlösungen.

4.2.2 Die emotionale Entwicklung

Die emotionale Entwicklung der Kinder ist mit einer engen „Bindung" zur Bezugsperson, meistens der Mutter, verbunden (Spitz 1967). Diese Bindung ist nach Übereinstimmung aller Forscher eine wesentliche Voraussetzung für die weitere Persönlichkeitsentwicklung. Aus ihr erwächst das „Urvertrauen" (Erikson 1950), das nicht nur das Selbstbild des Kindes prägt, sondern auch sein Selbstbewusstsein und damit auch sein Verhalten gegenüber anderen Menschen. Die Ergebnisse der Bindungsforschung zeigen, dass Unterschiede in der Art der Fürsorge und liebevollen Zuwendung zu Unterschieden im Verhalten des Kindes gegenüber Bezugspersonen und fremden Personen führen. Wenn sich Kinder emotional sicher fühlen, verhalten sie sich neugierig und aktiv und beginnen, ihre Umwelt zu erkunden. Dies ist nicht nur ein Charakteristikum des Säuglingsalters, sondern zeigt sich auch im Kindergarten und darüber hinaus noch im Schulalter. Emotional stabile Kinder haben in der Regel das nötige Selbstvertrauen, sich von ihren Bezugspersonen vorübergehend zu entfernen und können die zeitweilige Trennung gut ertragen, ohne von Ängsten überwältigt zu werden. Emotional unsichere Kinder weinen, wenn sie morgens von ihren Müttern oder Vätern gebracht werden und sich von ihnen trennen sollen. Ihre Trennungsängste können so groß sein, dass es manchmal für die Erzieherinnen sehr schwer ist, diese Kinder zum Bleiben und die Eltern zum Gehen zu motivieren.

> Lucas ist drei Jahre alt, er wird jeden Morgen von Frau K., seiner Mutter, in Hektik und Eile gebracht. Er ist zwei Jahre lang von seinen Großeltern betreut worden, da Frau K. sich damals noch in der Ausbildung befunden hat und sie von Lucas Vater schon zur Zeit seiner Geburt verlassen worden ist. Die ersten beiden Jahre verliefen für Lucas und auch für seine sehr junge Mutter unruhig und waren von Existenzsorgen bedroht. Die Trennungsszenen, die sich allmorgendlich im Kindergarten abspielen, sind herzzerreißend. Lucas klammert sich an seine Mutter, vergräbt sein Gesicht in ihrem Rock, schaut die Erzieherin nicht an und lässt sich von ihr auch nicht ansprechen. Alles gute Zureden nützt nichts. Frau K. muss notgedrungen noch mindestens eine Stunde

im Kindergarten bleiben, ehe Lucas bereit ist, sich von ihr zu verabschieden. Diese Zeit stellt für sie eine große innere Anspannung dar. Manchmal, jedoch eher selten, gelingt es ihr, sich unbemerkt von ihm weg zu schleichen, so dass er gar nicht merkt, dass sie fort ist, aber meistens weint und schreit Lucas heftig, wenn sie sich von ihm unter mehr oder weniger sanftem Druck trennt. Er wirft sich auf den Boden und schlägt mit Armen und Beinen um sich. Frau K. ist dann immer sehr verzweifelt und fängt auch oft selbst an zu weinen. Unter Tränen wirft sie ihm beim schnellen Weggehen noch viele Küsse zu.

Zwei Jahre später hat sich Lucas bestens eingewöhnt. Er kommt freudig und erwartungsvoll in den Kindergarten, stürzt sich sofort in die Bauecke, trifft dort schon einige Freunde und ruft nur noch kurz: „Tschüß Mama", ehe er sich in sein Spiel vertieft. Auch Frau K. ist jetzt wesentlich entspannter, winkt ihm kurz zu und geht dann sorglos weg. Sie lebt mit einem neuen Partner zusammen, hat keine existenziellen Sorgen mehr und steht morgens auch nicht mehr unter zeitlichem Druck.

Was hat sich in dieser Zeit ereignet, welche Entwicklungsfortschritte hat Lucas gemacht, die es ihm ermöglichen, den Kindergarten ohne Angst zu betreten und dort unbeschwert zu spielen?

Kinder orientieren sich im Erleben ihrer eigenen Emotionen häufig am wahrgenommenen Gefühlszustand ihrer Familienangehörigen. Sie spüren deutlich deren Stress, Hektik und Sorgen. Gefühle und Stimmungen werden von Erwachsenen auf sie übertragen, Lachende, fröhliche, freundliche, heitere Gesichter bewirken oft bei Kindern ähnliche Gefühlsäußerungen, während umgekehrt Trauer, schlechte Laune und gedrückte oder unfreundliche Stimmung sich auch auf Kinder in ähnlicher

Weise auswirken. Zu Lucas Selbstsicherheit haben nicht nur die veränderte Lebenssituation, die größere Zufriedenheit seiner Mutter und ihre geregelten Lebensverhältnisse beigetragen, sondern mit Sicherheit auch die Erfahrungen in der Kindergartengruppe und das behutsame Einwirken der Erzieherin. Sie hat auf Lukas Ängstlichkeit dadurch positiv eingewirkt und ihm Mut machen können, offen auf andere Kinder zuzugehen und mit ihnen zu spielen, dass sie geduldig abgewartet und ihn abgelenkt hat, wenn es um die Verabschiedung von seiner Mutter ging und auch dadurch, dass sie ihm immer wieder Anreize zum Spielen gegeben hat. Im Vertrauen auf ihren Beistand konnte Lucas seine Umgebung im Kindergarten mehr und mehr erkunden, andere Kinder kennen lernen und offen auf Gleichaltrige zugehen.

Die emotionale Entwicklung der Kinder verläuft nicht in so deutlich unterscheidbaren Phasen wie die intellektuelle Entwicklung. Die Fortschritte in diesem Bereich lassen sich auch nicht so schön in kindgerechten Experimenten nachweisen. Die große Tendenz zeigt sich jedoch darin, dass Schreien und Weinen als relativ undifferenzierte Ausdrucksformen für alle unangenehmen Situationen immer spezifischeren Reaktionen Platz machen. Das Fremdeln, Festhalten der Mutter und die kindlichen Ängste vor dem Verlassenwerden nehmen ab, das Vertrauen in fremde Personen wächst. Natürlich gehören auch noch bei vierjährigen Kindern Wut- und Zornesausbrüche zu ihren häufigsten emotionalen Reaktionen. Anlässe dafür gibt es in Familie und Kindergarten genug, vor allem, wenn es um immer wiederkehrende unliebsame Verrichtungen wie Waschen, Aufräumen usw. geht. Mit zunehmendem Alter und auch in der Auseinandersetzung mit Gleichaltrigen lernen Kinder jedoch, ihre Gefühlsreaktionen kontrollierter auszudrücken. Sie lernen durch Erfahrung, welche emotionalen Reaktionen gebilligt bzw. nicht so gern gesehen werden, d. h. die soziale Kontrolle gewinnt zunehmend an Bedeutung. Dabei spielen nicht nur die Reaktionen der Erzieherinnen, sondern auch die der anderen Kinder eine Rolle. Gefühle der Verlegenheit und Scham tauchen auf, wenn andere Kinder ihr „Babyverhalten" auslachen. Erste Tendenzen zur Selbststeuerung von Gefühlen werden aufgebaut. Ausdrucksformen, die den ganzen Körper mit einbeziehen (sich auf den Boden werfen) werden seltener und zunehmend differenzierter. Mimik und Gestik werden aufeinander abgestimmt und immer situationsspezifischer eingesetzt. Auch die Sprache wird vermehrt zur Hilfe genommen, um Gefühle auszudrücken. Im Laufe der Kindergartenzeit lernen Kinder ein immer größer werdendes Ausmaß an Affektkontrolle und Affektsteuerung. Sie werden nicht mehr so stark von dem Wunsch nach sofortiger Befriedigung eigener Bedürfnisse geleitet. Sechsjährige verfügen im Allgemeinen über ein wesentlich überlegteres Vorgehen in ihren Handlungen als Fünf- oder Vierjährige, sie sind weniger vom Augenblick und ihrem momentanen Begehren gesteuert.

Die Vehemenz und Intensität der Trotzreaktionen, die zu Beginn der Kindergartenzeit noch häufig auftreten, lassen mit zunehmendem Alter und bei angemessenem Erzieherverhalten nach. Mit größer werdendem Sprachvermögen können Kinder ihre Wünsche sprachlich ausdrücken ebenso wie ihre Enttäuschungen. Zu lernen, augenblickliche Bedürfnisse zurückzustellen, auch einmal kurzfristig Verzicht zu üben und zu warten, bis ihnen entsprochen werden kann, ist ein wichtiges Ziel in der emotionalen Erziehung der Kinder. Kinder reagieren emotional dann angemessen, wenn ihnen verständliche Erklärungen gegeben werden, so dass für sie nachvollziehbar wird, warum ihre Wünsche nicht gleich erfüllt werden können. Je weniger restriktiv und autoritär sich Erzieherinnen verhalten, desto weniger werden Kinder auch Trotzverhalten zeigen. Die Fortschritte in der emotionalen Entwicklung sind sowohl von den Erfahrungen in der Kindergruppe als auch von der Einfühlungsfähigkeit Erwachsener und ihrem Vorbild abhängig. Die emotionale Entwicklung ist einerseits eng mit der geistigen und andererseits auch eng mit der sozialen Entwicklung verwoben.

4.2.3 Die soziale Entwicklung

Der Bereich der sozialen Entwicklung bezieht sich auf die Veränderung der sozialen Beziehungen. Man versteht darunter sowohl die Mutter-Kind-Beziehung als auch die Beziehung zu Erwachsenen, zu Gleichaltrigen und das Verhalten in der Kindergruppe, das prosoziale und auch das aggressive Verhalten. Rückbezüge zur geistigen und emotionalen Entwicklung lassen sich bei der Darstellung der sozialen Entwicklung nicht vermeiden, denn grundlegende Komponenten des Sozialverhaltens wie Vertrauen bzw. Misstrauen im Umgang mit anderen Menschen entwickeln sich auch aus der oben geschilderten „Bindungssicherheit" bzw. „-unsicherheit" heraus. In der emotionalen und sozialen Entwicklung der Kinder zeigen sich gleichzeitig zwei Tendenzen. Auf der einen Seite steht der Wunsch nach Zuwendung, Geborgenheit, Nähe und Vertrauen in der Beziehung zu Eltern und Gleichaltrigen, auf der anderen das Streben nach Unabhängigkeit und Autonomie. Kinder stellen füreinander ein „soziales Übungsfeld" dar, das es dem einzelnen Kind ermöglicht, soziale Kompetenzen zu erwerben und damit schrittweise immer unabhängiger von den Eltern zu werden: In der sozialen Interaktion mit Kindern treibt das Kind auch seine langsam und schrittweise sich vollziehende Ablösung von den Eltern voran (Baacke 1993).

Kinder zeigen schon ganz unterschiedliche soziale Verhaltensweisen, wenn sie in den Kindergarten kommen. Die einen sind offen, aufgeschlossen und kompromissbereit, sind in ihrer

Gruppe schnell beliebt, können sich sprachlich gut ausdrücken, gut miteinander spielen, einander zuhören und trösten, andere dagegen sind misstrauisch, verschlossen, oft auch aggressiv und haben es nicht gelernt, mit Kindern auszukommen. Erzieherinnen wissen, dass das Sozialverhalten der Kinder in hohem Maße auch vom Erziehungsstil der Eltern beeinflusst wird. Je autoritärer das Elternhaus, je mehr Wert auf Gehorsam und Unterordnung gelegt und je mehr das Kind bestraft wird, desto aggressiver oder auch unterwürfiger und ängstlicher kann sein Verhalten anderen Kindern gegenüber sein. Elternverhalten dagegen, das von Verständnis für das kindliche Bestreben nach Eigenständigkeit geprägt und mit Wärme und Unterstützung gekoppelt ist, führt in der Regel auch schon bei Kindern im Kindergartenalter zu einer höheren sozialen Kompetenz. Daher ist es so wichtig, Kindern zu helfen, soziale Kompetenzen, die sie häufig im Elternhaus nicht gelernt haben, im Kindergarten zu erwerben, nämlich: auf andere Rücksicht zu nehmen, Regeln einzuhalten und gute Beziehungen zu Gleichaltrigen zu knüpfen.

Im Kindergartenalltag gibt es viele unterschiedliche Regeln. Auch wenn sie als mit den Kindern gemeinsam vereinbarte Regeln gelten, entpuppen sie sich bei näherem Hinsehen jedoch oft als Bestimmungen und Verordnungen sowie als einseitige Festlegungen von Seiten der Erzieherinnen, wie z. B.: „Wir hängen unsere Jacken, Mäntel etc. an die Garderobe" oder „Wir räumen das Geschirr ab, wenn wir gegessen haben". Aus zunächst fremdbestimmten Regeln können jedoch auch Rituale entstehen, die von den Kindern sehr geliebt werden und auf deren Einhaltung sie mit Nachdruck drängen, z. B.: „Nach dem Mittagessen, wenn ihr das Geschirr in die Küche gebracht habt, lese ich euch eine Geschichte vor" oder „Wir ziehen unsere Schuhe aus, gehen mucksmäuschenstill in die Turnhalle nach nebenan, holen uns ein Kissen, setzen uns darauf und machen eine Traumreise". Darüber hinaus sind Regeln des Umgangs miteinander von Bedeutung, die mit den Kindern gemeinsam aufgestellt werden und ihnen meistens unmittelbar einsichtig sind, z. B.: „Wir gehen höflich miteinander um" oder „Wir schlagen einander nicht". Manche Regeln formulieren die Kinder auch selbst, erlegen sie sich im Spiel selbst auf, anerkennen und befolgen sie freiwillig (Klein 2000).

Im Kindergarten geht es zum einen darum, Kindern schon früh die Notwendigkeit von bestimmten Grundregeln zu vermitteln, wie z. B. „Du darfst die Rechte anderer nicht verletzen". Zum anderen müssen sie lernen, sich an Regeln und Absprachen zu halten. Regelübertretungen müssen ihnen freundlich aber konsequent bewusst gemacht werden, denn oft genug sind sie sich nicht darüber im Klaren. Jüngere Kinder handeln meistens spontan und unüberlegt, wollen dem anderen vielleicht auch nicht wehtun, haben aber die Folgen ihrer Handlungen nicht bedacht. Welche Fortschritte in der sozialen Entwicklung gibt es bei der Einhaltung von Regeln?

In Bezug auf das kindliche Regelverständnis hat der Entwicklungspsychologe Jean Piaget auch einen wichtigen Beitrag geleistet (Piaget 1954). Er hat herausgefunden, dass sich die Entwicklung des moralischen Urteils in drei einander ablösenden Stadien vollzieht. Im Kindergartenalter bildet das Kind die „heteronome Moral" heraus. Sie ist dadurch gekennzeichnet, dass Auffassungen von „gut" und „böse", „richtig" und „falsch" von Erwachsenen übernommen und befolgt werden. Regeln werden eingehalten, weil Autoritäten dieses Verhalten gerne sehen und belohnen und auch die Macht haben, Regelverletzungen zu bestrafen.

Heike ist dreieinhalb Jahre alt. Sie spielt mit ihrer Freundin in ihrem Zimmer. Sie weiß genau, dass es ihr verboten ist, eine Kerze anzuzünden. Die Freundin hat eine Kerze mitgebracht. Heikes Mutter ist gerade mal eben zur Nachbarin gegangen,

> so dass die beiden für eine kurze Zeit allein in der Wohnung sind. Die Freundin überredet Heike, die Kerze anzuzünden. Heike sagt: „Nein, meine Mama hat gesagt, das darf ich nicht!" Und sie bleibt dabei! Heikes Freundin aber zündet die Kerze an. Heike ruft: „Au weia, das sag ich Mama!"

Und es kann gut sein, dass sie es der Mutter erzählt, wenn diese wieder da ist, denn das Befolgen von Verboten bzw. das Einhalten von Regeln, die von Erwachsenen aufgestellt worden sind, ist Kindern in diesem Alter häufig mehr wert als die Solidarität zu Gleichaltrigen. Ein Verpetzen kann auch Ausdruck der Anerkennung der Macht von Erwachsenen sein (Klein 2000). Die „autonome Moral" dagegen beinhaltet, dass das Kind aus Einsicht in die Notwendigkeit von Regeln handelt und nicht nur deshalb, weil Erwachsene es so wollen. Dies wird ermöglicht durch eine Zunahme an Vernunft, durch die Fähigkeit zum Rollenwechsel und durch den Wunsch der betreffenden Person, sich fair zu verhalten. Heikes Verhalten in einer anderen Situation, zwei Jahre später, soll dies veranschaulichen:

> Heike möchte gar zu gern die Gummibärchen essen, die im Zimmer ihrer älteren Schwester liegen. Aber sie denkt: „Nein, sie gehören meiner Schwester. Es wäre unfair von mir, sie zu essen. Wir haben jeder eine Tüte bekommen. Sie hat sie extra übriggelassen, um sie später zu essen!" Heike kann von ihrem eigenen Wunsch, die Süßigkeiten zu essen, Abstand nehmen und darauf verzichten. Sie denkt vielleicht auch, dass es nicht richtig von ihr wäre, so etwas zu tun, denn ihre Schwester ihrerseits würde es auch nicht tun.

Die „autonome Moral" entwickelt sich nach Piaget ungefähr zwischen dem achten und zwölften Lebensjahr. Allerdings sind Regeleinhaltung und die moralischen Urteile der Kinder in diesem Alter noch einfacher Natur. Dies zeigt sich z. B. bei dem Erleben und Bewerten von Bestrafung und Gerechtigkeit. Gerechtigkeit heißt alle gleich zu behandeln, unabhängig von ihren Motiven und der Ausgangssituation, Bestrafung berücksichtigt keine mildernden Umstände. Erst nach dem zwölften Lebensjahr erreicht das Kind die höchste Stufe des moralischen Urteils, die „persönliche autonome Moral", in der Intentionalität, Motivation und Gesamtsituation bei der Bewertung von Straftaten oder Regelverletzungen berücksichtigt werden.

Kindergartenkinder befinden sich überwiegend im heteronomen Stadium. Sie beurteilen Handlungen vor allem nach ihrem Ausgang und nicht nach der dahinterstehenden Absicht. Folgende Situation im Kindergarten und der daraus folgende Konflikt ist typisch:

> Maik spielt in der Bauecke mit Klötzchen. Sein Turm ist 60 cm hoch und wackelt schon ein wenig. Es wird schwierig werden, noch ein Klötzchen darauf zu legen. Maik ruft ängstlich: „Ich trau mich nicht, wer macht das für mich?" Tim, der neben ihm auch einen Turm baut, der noch nicht ganz so hoch ist, ruft spontan: „Ich mach es", und er legt mit Schwung noch ein Klötzchen ganz oben auf Maiks Turm. Die Folge ist, dass der Turm zusammenfällt. Erbost schreit Maik: „Du hast meinen Turm kaputtgemacht", wirft sich dabei auf Tim und stößt absichtlich dessen Turm um. Nun schreien und rangeln beide miteinander, es droht eine ernstzunehmende Auseinandersetzung zu entstehen.

Die Aufgabe der Erzieherin könnte in diesem Fall darin bestehen, zunächst einmal beide Kinder zu trösten, denn beide sind traurig, weil ihr Turm zerstört wurde. Wenn beide sich ein wenig beruhigt haben, führt sie folgendes Gespräch mit Maik, um ihm klar zu machen, dass Tim seinen Turm nicht absichtlich zerstört hat, sondern dass er ihm nur hat helfen wollen und dass ihm dabei ein Missgeschickt passiert ist:

> Erzieherin: Maik, wolltest du, dass Tim noch ein Klötzchen auf deinen Turm legt?
>
> Maik: Ja.
>
> E.: War es schwierig, noch ein Klötzchen drauf zu legen?
>
> M.: Ja, denn der Turm hat ja schon ein wenig gewackelt.
>
> E.: Und du hast dich nicht getraut?
>
> M.: Nein, habe ich nicht.
>
> E.: Wenn du nun selbst ein Klötzchen draufgelegt hättest, hätte es dir auch passieren können, dass dein Turm umfällt?
>
> M.: Ja, stimmt, das hätte mir auch passieren können.
>
> E.: Ist Tim dein guter Freund?
>
> M.: Ja, ist er.
>
> E.: Glaubst du, dass Tim mit Absicht deinen Turm kaputt gemacht hat?
>
> M.: Nee, glaube ich eigentlich nicht.
>
> E.: Hat Tim getan, worum du ihn gebeten hast?
>
> M.: Ja, hat er, aber der Turm ist umgefallen.
>
> E.: Konnte Tim etwas dafür?
>
> M.: Nein, eigentlich nicht.
>
> E.: Wollte er dir helfen?
>
> M.: Ja, eigentlich schon.
>
> E.: Und wenn du jetzt darüber nachdenkst, war es gerecht, dass du seinen Turm kaputt gemacht hast?
>
> M.: Nee, eigentlich nicht, aber ich war so wütend.
>
> E.: Hast du Tims Gesicht gesehen, als der Turm umfiel?
>
> M.: Ja.
>
> E.: Wie sah er aus?
>
> M.: Ganz schön erschrocken.
>
> E.: Ihr wart beide erschrocken?
>
> M.: Ja, waren wir.

> E.: Ihr wart beide traurig?
> M.: Ja.
> E.: Ist es dann gerechtfertigt, sich auf ihn zu stürzen?
> M.: Nein.
> E.: Was könntest du denn jetzt tun?
> M.: Ich könnte sagen, dass es mir leid tut.

Dieses Gesprächsverhalten ist dadurch gekennzeichnet, dass die Erzieherin Maik keine Vorwürfe macht, auch nicht straft oder moralisiert, sondern durch Fragen an Maik erreicht, dass er einsieht, Tim gegenüber ungerecht gehandelt zu haben. Der Sinn dieses Gesprächs liegt in der Stärkung der Eigenverantwortlichkeit von Maik, so dass er selbst herausfinden kann, was zu tun ist.

Im Verlauf eines Kindergartentages findet die Erzieherin viele Gelegenheiten, Situationen wie die obige, in denen ein Kind eine gute Absicht verfolgt, aber an der Ausführung scheitert, mit den Kindern gemeinsam zu durchdenken. Ein Kind möchte z. B. die Milch aus der Küche holen und der Topf fällt ihm herunter oder ein Kind hilft einem anderen beim Klettern auf einen Baum, lässt es jedoch fallen, weil es zu schwer ist oder ein Kind tritt unbeabsichtigt auf das Spielzeug eines anderen Kindes. Erzieherinnen und auch Gleichaltrige sollten in ihrer Reaktion auf ein Missgeschick eines Kindes stets dessen Intention berücksichtigen. Erzieherinnen versuchen, in vielen alltäglichen Situationen die Entwicklung der moralischen Urteilsbildung zu fördern, indem sie die Aufmerksamkeit der Kinder auf die jeweilige Absicht der Handelnden und nicht so sehr auf das Ausmaß des angerichteten Schadens lenken. Sie achten bei Regelverstößen darauf, warum ein Kind etwas getan hat. Erzieherinnen können sehr gut mithelfen, dass Kinder Gefühle von Gerechtigkeit und Fairness im Umgang miteinander und bei der Beurteilung des Handelns anderer Kinder entwickeln. Wichtig dabei ist auch ihre Vorbildfunktion und ihre Fähigkeit,

Kinder zu trösten und mit Regelverletzungen flexibel umzugehen.

Im Unterschied zum oben beschriebenen Streitanlass gibt es
auch sehr häufig Konflikte im Kindergarten, bei denen es verschiedene Sichtweisen aller Konfliktbeteiligten gibt. Dann sollten sich Erzieherinnen die Zeit nehmen, um als „Streitschlichte-
rinnen" zu fungieren, beide Seiten anhören, um gemeinsam
eine Kompromisslösung zu finden. Wichtig dabei ist, dass sie
nicht selbst Lösungen vorgeben, sondern diese von den Strei-
tenden finden lassen. Dies ist ein großer Unterschied zum „di-
rekten Eingreifen", bei dem meistens schnelle Lösungen von Erwachsenen vorgegeben werden. Erzieherinnen sollten sich
stattdessen als Helferinnen bei der Streitschlichtung anbieten.
Kinder müssen darauf vertrauen können, dass ihnen Erwachsene helfen, wenn sie alleine nicht weiterkommen. Helfen heißt
jedoch nicht selbst die Lösung vorgeben, sondern mit den Beteiligten herausfinden, wie in Zukunft derselbe oder ein ähnlicher Streit verhindert werden kann. Die Frage, wer angefangen
hat, ist häufig müßig, denn Streitende haben meistens verschiedene Sichtweisen über den Ursprung des Streits. „Recht" und
„Unrecht" sind von Außenstehenden rückwirkend oft nicht zu
erkennen. Abgesehen von ganz eindeutigen Situationen, sollten
Erzieherinnen daher kein Urteil fällen, sondern eher den Zu-
kunftsaspekt der Versöhnung und des wieder miteinander Aus-
kommens betrachten. Wichtig dabei sind Versuche, das beider-
seitige Einfühlungsvermögen – Was habe ich dem anderen
angetan? Wie fühlt er sich? – zu stärken und für einen Scha-
densausgleich – Was kann ich tun? – zu sorgen.

Im Kindergarten können Kinder lernen, friedlich miteinander
umzugehen und Konflikte gewaltfrei zu lösen. Sie lernen dies
einmal durch das Vorbild der Erzieherinnen – wie sie mit Streitigkeiten umgehen, wie sie darauf reagieren, wie sie diese schlich-
ten – und zum anderen durch tägliche Erfahrungen im Umgang

mit anderen Kindern, so dass sie am Ende ihrer Kindergartenzeit ein besseres Sozialverhalten als vorher zeigen. Damit erfüllt der Kindergarten eine wichtige Funktion in der Stärkung sozialer Fähigkeiten, nicht zuletzt auch eine kompensatorische Funktion im Hinblick auf das Elternhaus. Kognitive, emotionale und soziale Fähigkeiten werden überwiegend durch spielerische Aktivitäten eingeübt, so dass das Spiel ein wesentliches Medium für Erfahrungen und Entwicklung darstellt.

4.3 Die Bedeutung des kindlichen Spiels

Die Bedeutung des Spiels im Kindergartenalter kann nicht hoch genug eingeschätzt werden. Es stellt *die* kindgerechte Form, und *die* kindgerechte Methode des Lernens dar. Es gibt im Grunde nur die spielerische Form, die es Kindern entwicklungspsychologisch gesehen ermöglicht, sich mit ihrer Umwelt kindgerecht auseinander zu setzen. Das Spiel ist *die* kindliche Aktivität schlechthin und *die* bevorzugte Form seiner Umwelt- und Lebensbewältigung. Eltern übersehen diesen Aspekt häufig und erkennen nicht, dass ihre Kinder ganz wesentliche Lernerfahrungen im Spiel machen, dass sie durch das Spiel in seinen verschiedensten Formen Wissenserwerb und Wissenserweiterung erlangen und dabei ihre geistigen, emotionalen und sozialen Fähigkeiten trainieren. Manchmal machen sie den Erzieherinnen den Vorwurf, sie würden die Kinder *nur* spielen lassen und sie nicht genügend an schulische Inhalte heranführen. Abgesehen davon, dass dies nicht zum Bildungs- und Erziehungsauftrag des Kindergartens gehört, machen sich viele Eltern nicht genügend bewusst, dass das Spiel viele unterschiedliche Funktionen hat: Spiel ist Freude an der Handlung selbst, verschafft Erholung und Entlastung, trainiert und übt Verhaltensweisen ein, erhöht das motorische Geschick der Kinder, ist ein Medium für den Spracherwerb, ermöglicht die Interaktion und Kommunikation mit anderen Kindern sowie die Übernahme von Rollen, erfüllt Wünsche, reduziert Angst und trägt dazu bei, selbst gesteckte Ziele zu erreichen (Oerter/Montada 1995).

Wenn es darum geht, die verschiedenen Funktionen des Spiels zu charakterisieren, kann wiederum auf den Entwicklungspsychologen Jean Piaget (1945, deutsch 1969) zurückgegriffen werden. Piaget sieht das Spiel des Kindes in enger Verbindung mit dessen geistiger Entwicklung. Im Spiel übt das Kind erworbene „Schemata" ein, z. B. das Schema des Greifens und Fallenlassens. Dem Säugling bzw. Kleinkind macht es ein sichtbares Vergnügen, den Ball oder das Klötzchen immer wieder zu ergreifen und fallen zu lassen, sobald es sensumotorisch dazu in der Lage ist. Voraussetzung dafür ist der Erwerb des „Greifschemas", der auf der Stufe der sensumotorischen Intelligenz stattfindet (s. Kap. 4.2.1). Im Spiel geht es darum, erworbene Schemata einzuüben und die Handlungsausführung durch Wiederholung zu festigen. Das Kind konsolidiert im Spiel bereits erlangte bzw. erlernte Fähigkeiten: Es wiederholt Körperbewegungen, hantiert mit Gegenständen, es ergreift sie, lässt sie fallen, betastet und steckt sie in den Mund, dreht und wendet sie.

Sensumotorische Spiele wandeln sich mit zunehmendem Alter (drei bis vier Jahre) in *Informations- und Erkundungsspiele*: Jüngere Kindergartenkinder untersuchen, zerlegen, bauen zusammen und auseinander. Sie wollen im Spiel erkunden, wie die Gegenstände beschaffen sind. Sie können unendlich viel Zeit damit verbringen und probieren immer wieder Neues aus. Dies trifft auch für die sogenannten *Symbolspiele* (Mutter-Kind-Spiele) zu, die ebenfalls erworbene – und in diesem Fall geistige – Schemata an das kindliche Ich anpassen.

Nach Piaget ist das Spiel einerseits eine Anpassung der Wirklichkeit an das Ich des Kindes (Assimilation), andererseits jedoch auch – vor allem in der Form der Nachahmungsspiele – eine Anpassung des Ichs an die Wirklichkeit (Akkomodation). Das *Symbol-* oder auch *Fiktionsspiel* ist bei jüngeren Kindergartenkindern sehr beliebt. In ihm werden Spielgegenstände umgedeutet und zweckentfremdet. So wird ein Pappkarton, in den sich das Kind setzt, zu einem Auto, ein Hocker, auf den es sich rittlings setzt, zu einem Pferdchen, ein Staubwedel zur Peitsche, Puppen wird Leben eingehaucht, sie übernehmen die Rolle von anderen Personen, sie können sprechen, essen, sie werden gefüttert oder sind krank und müssen verarztet, verbunden oder gepflegt werden.

Ältere Kindergartenkinder bevorzugen *Konstruktionsspiele*, mit deren Hilfe etwas gebaut und hergestellt wird. Entweder benutzen Kinder dabei gern vorgefertigte Spielgegenstände wie Klötzchen oder Steine (Lego-, Noppersteine, Fischertechnik), die sie passend ineinander oder auch aufeinander stecken müssen, oder aber sie konstruieren mit Rohmaterialien wie Sand, Knete, Holz etc. neue Formen.

Auch *Rollenspiele* sind bei älteren Kindergartenkindern sehr beliebt. Hierbei geht es darum, in der Interaktion mit anderen selbst Rollen zu übernehmen, verschiedene Menschen darzustellen und nachzuahmen. Dabei hat die Sprache einen hohen Stellenwert. Im Rollenspiel üben sich Kinder in ihrem sprachlichen Ausdruck und imitieren Sprechweise und Intonation von vertrauten Personen. So übernimmt ein fünf- oder auch sechsjähriges Kind im Spiel die Rolle des Babys, spricht in Babysprache und Minuten später übernimmt es die Rolle der Mutter und spricht in adäquater Erwachsenensprache.

Je älter Kinder werden, desto mehr lieben sie *Regelspiele*. Im Kindergartenalter werden einfach zu lernende Regelspiele wie Abzähl-, Fang-, auch leichte Brettspiele bevorzugt. Regelspiele haben fast immer Wettbewerbscharakter, es gibt Verlierer und Gewinner. Dies macht den Reiz aus, doch Verlieren und Gewinnen will gelernt sein. Gerade jüngere Kinder verstehen oftmals nicht, warum sie verloren haben, sie sind tief enttäuscht und fangen manchmal sogar an zu weinen. Es bricht für sie fast eine Welt zusammen und sie machen sich nicht klar, dass es ja nur ein Spiel war. Aufgabe der Erzieherin ist es dann, die Kinder zu trösten und sie zu ermutigen, an weiteren Spielen teilzunehmen, nicht aufgeben, das „Risiko" des Gewinnens oder Verlierens einzugehen und das Spiel als Herausforderung anzusehen. Wenn es sich um Regelspiele handelt, dann müssen die Beteiligten zunächst einmal die Regeln erlernen und sich dann im Verlauf des Spiels auch daran halten. Die Einhaltung von Regeln wird von den Mitspielern genauestens überwacht, Regelverletzungen werden nicht toleriert. Jüngere Kindergartenkinder halten sich zumeist streng an Regeln; eigene, selbst erdachte zusätzliche Regeln sowie Variationen im Spiel werden gewöhnlich erst gegen Ende der Kindergartenzeit und im Schulalter hinzugefügt.

Im Spiel erwerben Kinder also vielfältige Kompetenzen in den geistigen, emotionalen und sozialen Entwicklungsbereichen, sie gelangen zu Selbstständigkeit, Unabhängigkeit und entwickeln Kreativität. Sie werden darin von Erwachsenen und älteren Kindern angeleitet. Allein schon die Bereitstellung bestimmter Spielgegenstände begünstigt das Spielverhalten. Hier übt die Erzieherin auf der Grundlage ihrer persönlichen Vorlieben einen großen Einfluss aus. Ist sie musisch und/oder sportlich begabt, wird sie vermehrt Sing- und Bewegungsspiele anbieten, malt sie selbst gerne, wird sie vielleicht die Kinder mehr zum Malen und Zeichnen anhalten. Liebt sie Regelspiele, wird sie diese verstärkt vorschlagen. Aber ihrer subjektiven Auswahl sind durch die Konzepte des Kindergartens und der damit verbundenen Forderung nach Ausgewogenheit auch Grenzen gesetzt, so dass den unterschiedlichen Bedürfnissen der Kinder entsprochen werden kann.

In letzter Zeit wird der spielzeugfreie Kindergarten wieder vermehrt propagiert. Dies heißt jedoch nicht, dass die Kinder nicht mehr spielen sollen, sondern im Gegenteil, dass die Kinder ihre Eigenaktivität, Spontaneität und Kreativität einsetzen, und zwar anhand von nicht vorgefertigtem Spielzeug. Erzieherinnen möchten die Fantasie-, Konstruktions- und Rollenspiele wieder mehr in den Vordergrund rücken, um die Vorstellungskraft der Kinder, ihre schöpferischen und imaginativen Fähigkeiten noch mehr anzuregen. Wie immer man zu diesem pädagogischen Konzept stehen mag, wichtig ist, dass Kinder spielen und sich weiterhin spielend ihre Umwelt erobern dürfen.

4.4 Jungen und Mädchen im Kindergarten

Im Kindergarten spielen Jungen und Mädchen zwar miteinander, jedoch bilden sich mit zunehmendem Alter nicht nur geschlechtsspezifische Vorlieben und Aktivitäten heraus sondern auch geschlechtshomogene Untergruppen, in denen sich ausschließlich nur Jungen oder nur Mädchen aufhalten. Diese geschlechtsspezifischen Verhaltensweisen sind allerdings nicht naturgegeben, sondern entwickeln sich in sozialen Interaktionen, sind also veränderbar. Diese Beobachtung ist vor allem auch deshalb bedeutsam, weil sich Mädchen und Jungen nicht immer mit diesen zugewiesenen und erworbenen Rollen wohlfühlen und auch gerne andere Verhaltensweisen ausprobieren möchten.

Bereits in der Familie werden Mädchen und Jungen oftmals sehr unterschiedlich behandelt. Subtile Einflussgrößen, Phantasien, Hoffnungen, Wünsche und Erwartungen steuern die elterliche Erziehung, je nachdem ob es sich um einen Jungen oder ein Mädchen handelt. Viele Eltern wünschen sich, dass ihre

Kinder „richtige Jungen" und „richtige Mädchen" werden und dazu gehören nach ihrer Vorstellung bei Jungen vor allem bestimmte motorische Verhaltensweisen wie wild und ungestüm sein und bei Mädchen vor allem emotionale und soziale Verhaltensweisen wie Rücksicht auf andere nehmen. Jungen werden frühzeitig darin bestärkt, sich durchzusetzen, sich mutig, stark und kämpferisch zu geben und bei Wettkämpfen möglichst die Gewinner zu sein. Sie machen die Erfahrung, dass sie sich mehr erlauben dürfen als Mädchen: sie können laut sein, sich raufen und sich prügeln. Mädchen dagegen werden eher dazu angehalten, sich ruhig und brav zu verhalten, mit Puppen zu spielen und ihre pflegerischen Begabungen herauszubilden. Gerade Väter gehen mit ihren Töchtern viel vorsichtiger um als mit ihren Söhnen, halten sie schon als Kleinstkinder für zerbrechlicher.

Aber nicht nur in ihren Familien sondern auch im Kindergarten erfahren Mädchen und Jungen unterschiedliche Unterstützung, je nachdem, ob sie sich geschlechts- und rollenkonform verhalten oder nicht. Ist ein Mädchen laut und verstößt es gegen Regeln, wird es eher und stärker in seine Schranken verwiesen als ein Junge. Familie, Kindergarten und Schule stellen in dieser Hinsicht einen Trainingsort für geschlechtskonformes Verhalten dar. Ein Beispiel soll dies verdeutlichen.

Ein typischer morgendlicher Beginn im Kindergarten:

Frau M., 32 Jahre alt, verheiratet und eine erfahrene Erzieherin und Leiterin eines Kindergartens einer mittleren Großstadt hat schon alles vorbereitet. Sie wartet auf das Eintreffen der Kinder, diese kommen nach und nach an, zunächst drei Mädchen, die gemeinsam von einer Mutter gebracht werden, dann zwei Jungen und anschließend noch einmal drei Jungen und vier Mädchen. Die eintreffenden Jungen stürzen sofort nach draußen und drei von ihnen beginnen dort ein wildes und lautes Spielen, indem sie schreien, rennen, toben, unter Gejohle sich im Sandkasten gegenseitig umwerfen und Gegenstände in die Luft werfen. Besonders einer von ihnen scheint der Anführer zu sein, er bestimmt und dirigiert die anderen, die sich ihm willig unterordnen.

Im Gegensatz zu den Jungen treffen die Mädchen viel ruhiger ein, sehen sich erst einmal um und zögern zunächst noch mit der Entscheidung, welches Spiel sie spielen sollen. Dann begeben sie sich in die Puppenecke und an den Maltisch. Bei ihnen geht es wesentlich ruhiger zu, sie spielen ein Rollenspiel mit Vater, Mutter und Kind. Die Erzieherin braucht sich um die Mädchen gar nicht zu kümmern, sie muss jedoch ständig ein Auge auf die Jungen werfen, deren Spiel zusehends eskaliert, bis ein echter Streit vom Zaun bricht, und die Jungen anfangen, sich ernstlich weh zu tun, so dass Frau M. schlichtend eingreifen muss.

Das Beispiel zeigt, dass Jungen im Kindergarten bestimmte „Räume", z. B. die Außenräume, wie selbstverständlich für sich beanspruchen und dass sich Mädchen häufig mit den „Innenräumen" begnügen. Vielleicht hätten die Mädchen auch gerne draußen gespielt, trauten sich aber nicht, nachdem die Jungen schon die Wiese besetzt hatten. Das Beispiel zeigt auch, dass sich Frau M. mehr um die Jungen, die ihre ganze Aufmerksamkeit in Anspruch nehmen, kümmert, häufiger bei den Jungen als bei den Mädchen lenkend und auch disziplinierend eingreift und dass sie die Jungen mehr im Blick hat als die Mädchen. Typisch daran ist auch, und dies setzt sich in der Schule fort, dass Erzieherinnen und Lehrerinnen und Lehrer im Allgemeinen mehr auf die Jungen achten als auf die Mädchen, weil Jungen sich einfach ungestümer verhalten. Mädchen werden nicht so beachtet wie Jungen, nicht genügend darin unterstützt, das zu tun, was sie gerne tun möchten, sie werden in ihrem Verhalten eher eingeschränkt. Auch Erzieherinnen übersehen häufig die Mädchen, übergehen sie in ihrer Aufmerksamkeit, weil diese sich still und angepasst verhalten und wenden sich weit mehr den dominierenden und unangepassten Jungen zu. Weil Jungen in ihrem Verhalten störender sind als Mädchen, werden sie mehr beachtet und dadurch letztlich in ihrem Verhalten verstärkt. Die Haltung von Erzieherinnen und Lehrerinnen und Lehrern ist gegenüber dem Toben, Rennen, Raufen, Boxen, Schubsen von Jungen anders als gegenüber ähnlichen Verhaltensweisen von Mädchen. Es herrscht die Einstellung vor, dass Jungen einfach wilder und ungestümer sein dürften als Mädchen. Diese Verhaltensweisen werden also bei ihnen nicht nur toleriert, sondern auch noch gefördert. Von Mädchen dagegen wird erwartet, dass sie lieber drinnen und überwiegend mit Puppen spielen und in der Mehrheit wildere Spiele ablehnen.

Schon im Kindergarten zeigt sich, dass Jungen beim Klettern, beim Balltreten und zielgenauen Werfen den Mädchen überlegen sind und dass Mädchen wiederum den Jungen in der Körperbeherrschung, dem rhythmischen Hüpfen und der Feinmotorik voraus sind, eine Tendenz, die sich in der Schule fortsetzt und dazu führt, dass Jungen nicht so geschickt bei ihren ersten graphomotorischen Übungen sind wie Mädchen und oftmals in den Fächern Lesen und Schreiben und im Kunstunterricht die schlechteren Zensuren erhalten. Geschlechtsstereotype, wie z. B. dass Jungen ihre Neigung, eigene Gefühle wie Schmerz, Trauer und Enttäuschung nicht zeigen, allenfalls aggressive Gefühle nach außen hin ausleben, spielen in der Erziehung von Erzieherinnen und Lehrerinnen und Lehrern eine oftmals unterschätzte Rolle. Sie wirken sich bis ins Jugend- und Erwachsenenalter aus und werden vor allem dadurch bekräftigt, dass von frühester Kindheit an Jungen mehr körperlich expansives Verhalten zugetraut und zugestanden, hingegen ihre Fähigkeit, Gefühle auszudrücken und bei anderen wahrzunehmen, nicht genügend gestärkt wird. Diese Stereotype werden bis heute zu einem großen

Teil in Kindergärten und Schulen gepflegt und existieren noch häufig in den Köpfen der Erzieherinnen und auch Lehrerinnen, denn sie sind ja ebenfalls als Mädchen und Frauen sozialisiert worden und erliegen damit Einflüssen, die es ihnen erschweren, sich von Geschlechtsstereotypen zu lösen.

Wenn es das Erziehungsziel des Kindergartens ist, „auf das Leben" vorzubereiten, dann sollten Erzieherinnen einmal diesen Aspekt der geschlechtsspezifischen Erziehung reflektieren und versuchen, ihren eigenen geschlechtsspezifischen Erwartungen bewusst entgegenzutreten. Welche Anstrengungen unternehmen sie, um Jungen z. B. mehr zum Malen und Basteln, zu eigenen emotionalen Äußerungen, zur Einfühlung in andere und zu mehr Rücksichtnahme auf andere sowie zu pflegerischen Tätigkeiten und Mädchen mehr zum Springen und Klettern und zur Durchsetzung eigener Interessen anzuleiten? Es wäre ein Ziel, angehende und sich in der Ausbildung befindende Erzieherinnen für Vorurteile, was „geschlechtstypisches" Verhalten von Mädchen und Jungen anbetrifft, stärker zu sensibilisieren und sie zu befähigen, diese Vorurteile nicht noch durch Übernahme traditioneller Verhaltensweisen und Einstellungen zu verstärken, sondern ihnen durch konkrete Maßnahmen entgegenzuwirken, damit Jungen auch ihre „weiblichen" und Mädchen auch ihre „männlichen" Anteile ausleben können. Wie könnten diese Maßnahmen aussehen, was könnten Erzieherinnen tun, um Mädchen und Jungen gleichermaßen in ihrer Entwicklung zu fördern und zu unterstützen, auch in Hinblick auf gleiche Startchancen in der Schule?

Ein erster Schritt bestünde darin, erst einmal die eigenen Vorstellungen über weibliches und männliches Verhalten kritisch zu überdenken und zu überlegen, ob sie nicht auch traditionelle Muster von geschlechtsspezifischem Verhalten ungewollt weitergeben und die Kompetenzen von Jungen und Mädchen unterschiedlich fördern. Ein zweiter Schritt könnte dann sein, bewusst darauf zu achten, dass die Spielaktivitäten von Mädchen und Jungen nicht zu einseitig sind, sondern ihnen gleichermaßen Spielangebote zu machen, in denen sowohl motorische als auch emotionale und soziale Fähigkeiten verlangt werden, die sich sehr gut sowohl Jungen als auch Mädchen zu eigen machen können. Erzieherinnen sollten darüber hinaus Jungen und Mädchen jeweils mit eigenen Verhaltensweisen konfrontieren, die nicht dem Muster weiblich *oder* männlich folgen und die keine Ausschließlichkeit beanspruchen.

Nun gibt es in den Kindergärten überwiegend und von wenigen Ausnahmen abgesehen „nur" Erzieherinnen, also weibliches Personal. Wenn man bedenkt, dass auch Väter heute noch weitgehend in den Familien psychisch und physisch abwesend sind und Mütter immer noch die Hauptrolle in der Erziehung ihrer Kinder spielen, dann wird deutlich, dass sich diese Tatsache auf Jungen identitätshemmend auswirken kann, denn ihnen fehlt damit in ihrem nächsten Umkreis eine männliche Identifikationsfigur. Jungen erleben zu selten, dass auch Männer ihre Gefühle zeigen dürfen und durchaus Fähigkeiten zur Empathie entwickeln können, ohne dabei an Stärke zu verlieren. Für Jungen und Mädchen wäre es gleichermaßen ein großer Vorteil, auch männliche Erzieher im Kindergarten zu haben, die in der Erziehung sowohl ihre männlichen als auch weiblichen Eigenschaften zum Ausdruck brächten.

5 Die Erzieherin als Beobachterin des Kindes

Bei der Feststellung der Schulfähigkeit eines Kindes, egal ob Mädchen oder Junge, geht es darum, gut beobachten zu können, die Beobachtungsergebnisse angemessen festzuhalten und den Eltern zu übermitteln. Die Erzieherin hat dazu täglich Gelegenheit, beim Spielen drinnen und draußen, beim Zuhören, Sprechen, Bauen, Basteln und Malen, im Umgang mit anderen Kindern und mit Erwachsenen. Die Beobachtung des Kindes sowie die Rückmeldung der Beobachtungsergebnisse an die Eltern ist Teil ihrer erzieherischen Tätigkeiten.

5.1 Kriterien einer guten Beobachtung

Mit Hilfe der Beobachtung möchte die Erzieherin besondere Eignungen und Fähigkeiten, Entwicklungsfortschritte und auch -rückstände ihrer Kinder im Kindergarten erkennen und entscheiden können, welche Hilfen und Unterstützung schwächeren Kindern gegeben und welche weiterführenden Angebote besonders begabten Kindern gemacht werden können. Beobachtung ist nicht Selbstzweck, sondern steht immer in einem Zusammenhang mit Rückschlüssen und, wenn nötig, mit Fördermaßnahmen (Nuding 1997). Die Beobachtung sollte nicht erst kurz vor Schulbeginn einsetzen, sondern sie gehört zur Betreuungs-, Erziehungs- und Bildungsaufgabe der Erzieherin und ist Bestandteil ihrer Tätigkeit während der gesamten Kindergartenzeit eines Kindes (Beck und Scholz 1995). Die Beobachtung der Erzieherin ist auf die ganze Persönlichkeit des Kindes gerichtet. Zweck der speziellen, auf die Schulfähigkeit des Kindes bezogenen Beobachtung, ist herauszufinden, ob es die grundlegenden Fähigkeiten besitzt, die ein Schulkind aufweisen sollte. Was kann es, was kann es noch nicht? Was fällt ihm schwer, was fällt ihm leicht? Worin hat es Stärken, worin Schwächen?

Beobachtungsergebnisse können sehr subjektiv und relativ zufällig zustande kommen. Die Erzieherin beobachtet z. B., dass ein Kind ein anderes schlägt. Kann und darf sie nun aus der einmaligen Beobachtung die Schlussfolgerung ziehen und sagen, dass es sich um ein „aggressives Kind" handelt? Nein, denn das käme einer vorschnellen und außerdem auch unzulässigen Bewertung gleich. Sie muss in jedem Fall den Kontext mit berücksichtigen, in dem das Verhalten aufgetreten ist, und versuchen herauszufinden, welches Anlass und Ursache waren. Auch spielt die Häufigkeit einer solchen Verhaltensweise bei der Beurteilung eine Rolle.

Was macht eine „gute" Beobachtung aus? Sie sollte verschiedene Kriterien erfüllen und nicht zu einer Bewertung der Verhaltensweise des Kindes führen und auch keine Interpretation darstellen. Eine gute Beobachtung ist absichtsvoll, selektiv und zielgerichtet. Sie liefert erste Hinweise auf bestimmte Verhaltensweisen, auf Stärken und Schwächen des Kindes. Damit ist sie Grundlage für ein Gespräch mit den Eltern. Eine gute Beobachtung bezieht sich auf eine zu beobachtende, d. h. sichtbare Verhaltensweise des Kindes. Das folgende Beispiel beschreibt den Übergang von einer momentanen, zufälligen Beobachtung zur absichtsvollen, selektiven und zielgerichteten Beobachtung, die aus Planung und Wiederholung zu mehreren unterschiedlichen Zeitpunkten besteht und die schließlich dazu führt, dass die Beobachtung den Eltern des Kindes mitgeteilt werden kann.

Einer Erzieherin im Kindergarten fällt auf, dass ein vierjähriges kleines Mädchen, das neu in ihrer Gruppe ist, ihr nicht die Hand bei der Begrüßung gibt, sie weder anblickt noch mit ihr spricht. Sie misst dieser eher beiläufigen Beobachtung keine Bedeutung zu, doch ihr fällt zunehmend auf, dass das Mädchen auch nicht mit anderen Kindern spricht. So wird das Mädchen eines Morgens von einem anderen angesprochen und ganz freundlich gefragt, ob es mit ihm in der Puppenecke spielen möchte und die Erzieherin beobachtet wieder einmal mehr oder weniger absichtslos, dass das Mädchen nicht antwortet, sondern nur nickt. Jetzt wird ihr bewusst, dass sie es noch nie ein Wort hat sagen hören. Kann sie nicht sprechen? Will sie nicht sprechen? Die Erzieherin beschließt für sich, das Mädchen näher zu beobachten. Sie hält sich nun ganz bewusst in der Nähe des Mädchens auf und provoziert behutsam Situationen, in denen sie und andere Kinder es zum Sprechen animieren. Aber das Mädchen bleibt stumm. Nachdem die Erzieherin einige Wochen abgewartet hat und wiederholt das Sprachverhalten des Mädchens in den Mittelpunkt ihrer Aufmerksamkeit gestellt und immer wieder beobachtet hat, dass das Mädchen nichts sagt, beschließt sie, die Mutter um ein Gespräch zu bitten.

Beobachtungsverläufe wie diese ergeben sich im Kindergarten häufig: Die Erzieherin beobachtet das Kind beiläufig, dann wiederholt, absichtsvoll und selektiv, bis sich ihr Eindruck verfestigt und sie das Ergebnis den Eltern mitteilen möchte. Vieles erfassen erfahrene Erzieherinnen allerdings auch intuitiv. Es ist für Erzieherinnen nicht einfach, mehrere Kinder gleichzeitig, gezielt und absichtsvoll über einen längeren Zeitraum hinweg zu beobachten. Sie haben wie alle Beobachter in quantitativer und auch qualitativer Hinsicht Aufnahme- und auch Verarbeitungsgrenzen. Sie können nicht alles gleichzeitig wahrnehmen, aufnehmen, behalten und registrieren. Die Komplexität des Verhaltens von Kindern ist zu groß. Es besteht die Gefahr, dass Erzieherinnen ihre Wahrnehmung auf ganz bestimmte Verhaltensweisen des Kindes lenken und wiederum andere ausblenden und damit übersehen. Auch ihre Erwartungen spielen im Beobachtungsprozess eine Rolle und können das Ergebnis beeinflussen. Wenn ihre Grundüberzeugungen darin bestehen, dass ein Kind schulreif ist, werden sie besonders jene Anzeichen wahrnehmen und registrieren, die für seine Schulfähigkeit sprechen. Sind sie jedoch der Meinung, dass es noch nicht schulfähig ist, werden ihnen all jene Verhaltensbestandteile verstärkt auffallen, die diese Auffassung stützen.

Um zu einem objektiveren Beobachtungsergebnis zu gelangen, könnten zwei Erzieherinnen gleichzeitig beobachten. Die Erfahrung hat jedoch gezeigt, dass es auch dabei unterschiedliche Resultate geben kann. Das hat wiederum etwas mit ihren Vorerfahrungen und ihren Informationen über das Kind zu tun. Unterschiedliche Einstellungen haben eine auswählende und steuernde Wirkung auf die Wahrnehmung und können damit zu unterschiedlichen Beobachtungs- und auch Deutungsergebnissen führen (Duhm und Althaus 1979). Eine vollkommen objektive Beobachtung gibt es nicht. Es kann nur Annäherungen daran geben, daher ist die Form der Beobachtung durch zwei Personen, wenn sie denn leistbar ist und nicht zu aufwändig erscheint, trotz der Einschränkungen sicherlich eine gute Möglichkeit für Erzieherinnen, einem „objektiven" Beobachtungsergebnis zumindest nahe zu kommen.

Eine Variante dieser Beobachtungsform besteht darin, dass sich Erzieherinnen in der Beobachtung zeitlich abwechseln und ihre Beobachtungsprotokolle anschließend miteinander austauschen und besprechen. Damit können die Wahrnehmungsergebnisse auch zuverlässiger und „objektiver", d. h. personenunabhängiger werden, aber es wäre noch nicht gewährleistet, dass sie sich auf genau dieselben Verhaltenseinheiten des Kindes beziehen (Keller 1998). Das heißt also, dass es den vollkommenen Beobachter, die „objektiv" beobachtende Erzieherin, nicht geben kann und dass Beobachtungsdaten nie Abbilder der Wirklichkeit sind (Faßnacht 1995; Sanger und Kroath 1998). Aber Beobachtung ist trainierbar. Je öfter Erzieherinnen gezielte Beobachtungen durchführen, diese reflektieren und mit Kolleginnen besprechen, desto zuverlässiger werden die Ergebnisse sein.

5.2 Methoden der Beobachtung

Sämtliche Methoden der Beobachtung basieren auf der Fähigkeit, mit allen Sinnen wahrzunehmen, überwiegend aber zu sehen und zu hören. Die Methoden unterscheiden sich in der Art und Weise, wer die Beobachtung durchführt, ob ein oder mehrere Kinder gleichzeitig beobachtet, was genau, d. h. welche Verhaltensweisen beobachtet werden, wie und wie oft beobachtet und auf welche Weise das Beobachtungsergebnis festgehalten und registriert wird.

Verbalprotokoll:

Das Verbalprotokoll ist ein gängiges, jedoch nicht unproblematisches Verfahren. Die Erzieherin beobachtet gezielt ein Kind und schreibt innerhalb eines gewissen Zeitraumes alles auf, was sie hört und sieht. Das Verbalprotokoll stellt jedoch hohe Anforderungen an ihre Wahrnehmungsfähigkeit, denn sie kann nicht alles auf einmal erfassen. Einige Verhaltensweisen werden ihr entgehen. Während sie schreibt, kann sie nicht mehr so genau beobachten und Verzerrungseffekte können sich durch mangelnde Aufmerksamkeit und durch Ablenkung ergeben. Es ist schwierig, zu beobachten und gleichzeitig neben der beobachtenden Tätigkeit ein Protokoll zu erstellen. Selbst wenn die Erzieherin es im Nachhinein aufschreibt oder diktiert, kann es durch mangelnde Gedächtnisleistungen beeinträchtigt sein. Dennoch sind Verbalprotokolle geeignete Beobachtungsmethoden. Sie sollten sich jedoch auf kurze Beobachtungseinheiten beziehen und dafür des öfteren wiederholt werden, so dass die Erzieherinnen auf diese Weise zu einer Sammlung von mehreren Beobachtungen kommen, die sich auf verschiedene Zeitabstände beziehen.

Kategoriensystem:

Das zu beobachtende Verhalten wird von der Erzieherin vorher in Kategorien eingeteilt und damit festgelegt. Auf diese Weise weiß sie genau, worauf sie zu achten hat und was sie beobachtet und festhalten will. Für die Beobachtung des Konzentrationsverhaltens könnte ein solches Kategoriensystem z. B. lauten:

Konzentration	Ja	Nein
bleibt für ca. 15 Minuten bei einer Tätigkeit		
lässt sich ablenken (unterbricht seine Tätigkeit und beginnt mit einer anderen)		
zeigt bei Beschäftigungen Müdigkeit (gähnt, legt Kopf auf die Arme, wippelt)		
schweift ab (guckt woanders hin)		

Voraussetzung für die Beobachtung in Kategoriensystemen ist, dass sich die Erzieherin vorher überlegt, woran sie z. B. Konzentrationsverhalten erkennt bzw. welche Verhaltensweisen nicht dazu gehören. Eine Übereinstimmung mit anderen Erzieherinnen in dieser Hinsicht wäre sehr wünschenswert. Wenn eine Erzieherin dann noch gemeinsam mit einer Kollegin die Beobachtung durchführt, gleichzeitig oder zeitlich nacheinander, könnte dies die Zuverlässigkeit des Beobachtungsergebnisses erhöhen.

Rating:

Hierbei werden Urteile über den Ausprägungsgrad mehrerer zu beobachtender Verhaltensweisen gefällt. Dies setzt bei der Beobachtung zum einen voraus, dass die Erzieherin sich darüber im Klaren ist, was sie unter „häufig", „wenig" und „selten" versteht, zum anderen, dass sich die Beobachtungseinheit auf einen längeren Zeitraum bezieht, denn sonst könnte sie nicht die Abstufungen „häufig", „wenig" und „selten" vornehmen.

Konzentration	häufig	wenig	selten
bleibt für ca. 5 Minuten bei einer Tätigkeit			
lässt sich ablenken (unterbricht seine Tätigkeit und beginnt mit einer anderen)			
zeigt bei Beschäftigungen Müdigkeit (gähnt, legt Kopf auf die Arme, wippelt)			
schweift ab (guckt woanders hin)			

Eine Variante dieser Beobachtung und Registrierung besteht in differenzierteren Abstufungen, die mit Zahlen oder mit verbalen Bezeichnungen vorgenommen wird. Will die Erzieherin z. B. beobachten, wie oft ein Kind mit anderen Kindern spielt, dann kann sie folgendermaßen vorgehen:

Bsp: Kontakt
Das Kind spielt mit anderen Kindern.

1	2	3	4	5
sehr selten	manchmal	teils teils	oft	sehr oft

Hierbei kreuzt die Erzieherin mit Hilfe der Skala an, wie oft das Kind mit anderen Kindern spielt. Voraussetzung ist auch hier, dass sie sich die Bedeutung der Zahlen bzw. Ziffern im Voraus klar macht. Diese Art der Registrierung ist zwar ökonomisch, wird jedoch am Ende eines festgelegten Beobachtungszeitraumes vorgenommen und appelliert damit an das Erinnerungsvermögen der Erzieherin.

Ereignisstichprobe:

Ist die Erzieherin an *einem* und nur an *einem bestimmten* Verhalten eines Kindes interessiert, dann wartet sie, bis dieses Verhalten auftritt, um es dann in seiner Auftretenshäufigkeit zu protokollieren. Es könnte z. B. die Frage von Interesse sein, wie oft an einem Kindergartenvormittag bei einem bestimmten Kind aggressives Verhalten auftritt. Immer dann macht sie auf ihrer Liste einen Strich:

Aggressives Verhalten (schlagen, wegnehmen, schubsen, stoßen, spucken, beschimpfen)	| | | |

Diese Beobachtung kann als „systematische Beobachtung in natürlichen Situationen" bezeichnet werden. Sie unterscheidet sich von der unsystematischen und zufälligen Beobachtung dadurch, dass die Erzieherin sich auf den Beobachtungsprozess einstellt, ihre Beobachtung auf einen bestimmten Verhaltensbereich beschränkt und nach einem festgelegten Plan vorgeht (Strichliste, Rating usw.).

Alle oben genannten Beobachtungsmethoden sind für Erzieherinnen praktikabel. Welche sich am besten eignen, kann hier nicht entschieden werden, da es immer auch von den persönlichen Vorlieben der Erzieherin, der Vertrautheit mit der jeweiligen Methode und ihrer konkreten Beobachtungsabsicht abhängt, zu welcher Methode sie greift. Für alle Methoden gilt: Je genauer die Erzieherin beobachtet und je präziser sie ihre Beobachtungsergebnisse festhält, desto besser kann sie sich ein Bild über die Schulfähigkeit und auch Schulbereitschaft eines Kindes machen.

Testverfahren zur Schulfähigkeit

Die Mehrzahl der schulpflichtigen Kinder braucht keine spezielle Testdiagnostik. Sie entwickeln sich angeregt durch die Förderung in Familie und Kindergarten zu Schulkindern, über deren Fähigkeiten und Fertigkeiten es zwischen Eltern und Erzieherinnen keine Meinungsunterschiede oder gar Differenzen gibt. Aber es gibt auch Kinder, bei denen sich Erzieherinnen und/oder Eltern unsicher sind und gerne über ihre Beobachtungen hinaus mehr Auskunft hätten. Diese Kinder profitieren von der Testdurchführung zur Ermittlung der Schulfähigkeit, da diese zu einer gezielten und vertieften Abklärung ihrer Auffälligkeiten und zu geeigneten Fördermaßnahmen führen können.

Unter den Testverfahren zur Ermittlung der Schulfähigkeit gibt es zwei Beobachtungsbögen, die für die Einschätzung der Schulfähigkeit eines Kindes durch Erzieherinnen hilfreich sein können, den „Beurteilungsbogen für Erzieherinnen zur Diagnose der Schulfähigkeit" (BEDS) von Ingenkamp (1990) und „die diagnostischen Einschätzskalen" (DES) von Barth (1998). Ersterer ist ein „standardisiertes Verfahren" und führt in seinen Ergebnissen auf der Grundlage eines Vergleichs mit vielen anderen Kindern (Eichstichprobe) zu Normwerten. Zweiterer ist ein

„informelles" d. h. ein nicht standardisiertes Verfahren. Es ermittelt keine Normwerte, sondern ist ein Förderinstrumentarium, das mögliche Schwächen des Kindes frühzeitig aufdeckt, damit diese durch geeignete Maßnahmen behoben werden können. Im Folgenden sollen beide Verfahren näher beschrieben und dabei Vor- und Nachteile angesprochen werden.

BEDS (Ingenkamp 1990):

Der „Beurteilungsbogen für Erzieherinnen zur Diagnose der Schulfähigkeit" von Ingenkamp enthält drei Skalen: „sprachlich kognitive Leistungen", „Sozial- und Arbeitsverhalten" sowie „allgemeine Schulfähigkeit". Sie beziehen sich insgesamt auf 40 Items. Ingenkamp empfiehlt den Erzieherinnen, ihre Kinder mindestens ein halbes Jahr gezielt zu beobachten, bevor der Beurteilungsbogen dann in Zusammenarbeit von Kindergarten und Grundschule im letzten Vierteljahr vor der Aufnahmeentscheidung eingesetzt wird. Für jedes Kind ist ein eigener Bogen vorgesehen, die Beobachtungsergebnisse werden nach fünf Graden der Intensität von „Ja" oder „Sehr ausgeprägt" bis „Nein" oder „Gar nicht erkennbar" eingestuft. Eine sechste Antwortkategorie betrifft „Nicht beobachtet".

Von den 40 Items, die von den Erzieherinnen zu beantworten sind, seien jeweils die ersten drei hier beispielhaft angegeben (Tab. 3, S. 74–75).

Bei der Durchführung und Beantwortung der Items des BEDS ergibt sich allerdings für Erzieherinnen die Schwierigkeit, die Items für einzelne Kinder aus dem Gedächtnis heraus beantworten zu müssen, denn sie beobachten nicht „in natürlichen Situationen" und registrieren ihre Beobachtungen auch nicht sofort, sondern sie beantworten die Fragen aus dem Gedächtnis heraus. Dadurch könnten sich Verzerrungen und Fehleinschät-

Tab. 3: Auszug aus dem BEDS

	„Ja" sehr ausge-prägt"	„Öfter ausge-prägt"	„Teils-teils"	„Seltener ausge-prägt"	„Nein gar nicht er-kennbar"
Sprachlich-kognitive Leistungen					
Beherrscht das Kind die Mehrzahl- und Einzahlbildung von Wörtern, die im Kindergartenalltag vorkommen?					
Kann das Kind Wörter aussprechen, in denen die Lautverbindungen „br", „kl", „pf", „fr" vorkommen?					
Kann das Kind alle Laute richtig artikulieren (z. B. „s", „f", „k", „l", „r", „h", „sch")?					
Arbeits- und Sozialverhalten					
Respektiert das Kind Verbote (z. B. bestimmte Gegenstände nicht zu benutzen?					
Wird das Kind im Streit mit anderen Kindern unsachlich und aggressiv (verbal oder körperlich)?					

	„Ja" sehr ausge- prägt"	„Öfter ausge- prägt"	„Teils- teils"	„Seltener ausge- prägt"	„Nein gar nicht er- kennbar"
Passt das Kind sein Verhalten den Anfor- derungen unter- schiedlicher Situatio- nen an (z. B. Stuhlkreis, Gruppen- spiel, Freispiel, Still- beschäftigung)?					
Allgemeine Schul- fähigkeit					
Kann das Kind die Formen Rechteck, Kreis und Dreieck er- kennen und benen- nen?					
Kann das Kind Men- genunterschiede (gleich, mehr, weni- ger) erkennen und benennen?					
Kann das Kind eigene Erlebnisse und Erfah- rungen verständlich und zusammenhän- gend ausdrücken (z. B. Wochenend- erlebnisse und Ge- schichten nacher- zählen)?					

Quelle: Ingenkamp 1990, 6–11

zungen durch Erinnerungslücken ergeben. Aber der Vorteil liegt
darin, dass der Beobachtungsbogen durch die Standardisierung
ein „objektives" Ergebnis erzielt und damit eine gute Ergänzung
zu den Beobachtungsergebnissen der Erzieherin darstellt, die
diese über einen längeren Zeitraum vorher erhoben hat. Sich
nur auf das Testergebnis alleine zu berufen, wäre sicherlich
nicht angemessen.

DES (Barth 1998)

Die „Diagnostischen Einschätzskalen" von Barth sind ein
„Screening-Verfahren" für Erzieherinnen und Grundschullehrerinnen sowie für Sozialpädagogen in Schulkindergärten oder
Förderklassen, d. h. ein Verfahren zum Aufspüren von Entwicklungsrückständen, das von Erzieherinnen im letzten Jahr vor
der Einschulung eingesetzt werden kann. Es ermöglicht über
die Feststellung des Entwicklungstandes eines Kindes hinaus
eine fundierte Elternberatung sowie eine Orientierung darüber,
welche Fachdienste noch zusätzlich zur diagnostischen Abklärung von eventuellen Entwicklungsrückständen eingeschaltet
werden sollten. Der Konzeption der DES liegt nach Angaben
des Autors ein integrativer Ansatz zugrunde, in dem neurophysiologische Erkenntnisse, Forschungsergebnisse zur Vorhersage
von Lese-Rechtschreibschwierigkeiten und Rechenstörungen
miteinander verbunden sind.

In den DES werden mehrere Entwicklungsbereiche angesprochen wie die Seitigkeit, die Motorik und das Bewegungs-
empfinden eines Kindes, sein visuelles und auditives Gedächtnis, seine visuelle und auditive Wahrnehmungsverarbeitung,
seine Merkfähigkeit, sein Sprechen (Lautbildung) und seine
Sprache (Sprachverständnis), sein Körperschema, seine Aufmerksamkeit, seine Konzentration und Ausdauer, seine Affekti-
vität, emotionale Grundstimmung und sein Sozialverhalten.

Das Verfahren stellt gezielte Beobachtungssituationen her, in denen von einem bestimmten Verhalten auf eine bestimmte zugrundeliegende Beeinträchtigung bestimmter Funktionen geschlossen werden kann, z. B. „Ich möchte einmal sehen, wie lange du auf einem Bein hüpfen kannst" (Gleichgewichtswahrnehmung) oder „Ich klatsche dir nun etwas vor, hör genau zu, damit du es genau so klatschen kannst wie ich" (auditiv-motorische Integration) oder „Ich sage dir jetzt einen Zauberspruch. Pass gut auf und sprich mir nach" (Kurzzeitgedächtnis). Auf diese Weise kann die Erzieherin eine Fülle von Beobachtungssituationen auch aus spielerischen Tätigkeiten ableiten und so zu wichtigen Einschätzungen der Fähigkeiten eines Kindes kommen. Sie erklärt die Aufgaben kindgemäß, d. h. in der Sprache des Kindes und beobachtet seine Bereitschaft und Neigung, die Aufgaben durchzuführen, seine Reaktion auf Erfolg oder Misserfolg, seine Durchführungsgenauigkeit und seine Aufmerksamkeitsspanne. Wichtig ist es, auf eine stressfreie Atmosphäre zu achten und keine Prüfungsatmosphäre aufkommen zu lassen. Der Auswertungs- und Einschätzbogen sieht für 28 Fähigkeiten und Entwicklungsbereiche eine fünfstufige Bewertungsskala von „sehr ausgeprägt" bis „stark beeinträchtigt" vor. Beispielhaft seien auch hier einige Bereiche, die mit mehreren konkret formulierten Aufgabenstellungen erfasst werden, angegeben (Tab. 4, S. 78).

Das Vorgehen bei der Verwendung der DES hat einen großen Vorteil gegenüber dem BEDS von Ingenkamp, da die Erzieherin hier nicht aus der Erinnerung eine Beurteilung abgeben muss, sondern unmittelbar nach der Beobachtung in einer konkreten Situation. Ihre Ergebnisse werden also nicht durch Gedächtnismängel verzerrt. Barth möchte die Tagesform des Kindes, momentane Müdigkeitserscheinungen, Lust/Unlust usw. berücksichtigt wissen, aber er sagt nichts darüber aus, ob die Beob-

Tab. 4: Auszug aus den DES

Bereiche	sehr aus-geprägt (ausge-sprochen gute Fä-higkeiten)	ausge-prägt (keine gravieren-den Auf-fälligkei-ten)	teils/teils (leichte Auffällig-keiten)	beein-trächtigt (stärkere Auffällig-keiten)	stark be-einträch-tigt (starke Auffällig-keiten
Feinmotorik (Finger- und Handgeschick-lichkeit, visuomotori-sche Koordination, Graphomotorik					
Grobmotorik (Gleich-gewichtswahrneh-mung, Körperkoordi-nation					
Kinästhetische Wahr-nehmung (Fingerdif-ferenzierung, Kreisen mit den Zeigefingern, Finger-Nase-Versuch, Imitieren, Zielgenau-igkeit					
Körperschema, Kör-perorientierung (Mensch-Zeichnen, wesentliche Körper-teile benennen, Bewe-gungsplanung)					
Phonologische Be-wusstheit (Lautana-lyse, Lautsynthese, Sil-bensegmentierung, Reimpaare erkennen)					

Quelle: Barth 1998, 37–41

achtungen wiederholt, welches Beobachtungsergebnis gewertet werden sollte und wie man verhindern kann, dass mit der zweiten oder dritten Beobachtungssituation Übungserfolge erzielt werden. Diese sind zwar grundsätzlich nicht abzulehnen, würden aber die Erhebung eines Ist-Zustandes zu einem bestimmten Zeitpunkt beeinflussen.

Bei beiden Testverfahren ist die Güte und Zuverlässigkeit der Beurteilung stets von den Erfahrungen der Erzieherinnen im Umgang mit der Beurteilung von Kindern abhängig sowie von ihren Kenntnissen aus dem Bereich der Entwicklungspsychologie und ihrem Wissen über Schulfähigkeit. Ihre Beurteilungssicherheit steigt mit der Anzahl der beurteilten Kinder und der Häufigkeit, mit der sie ihre Kriterien im Team der Erzieherinnen bespricht und zur Diskussion stellt. Wie immer sich die Erzieherin entscheidet, welche Beobachtungsform und welche Beobachtungsmethoden sie wählt, sie sollte ihre eigene Rolle als Beobachterin stets kritisch hinterfragen. Es wäre wünschenswert, wenn sich die Erzieherinnen eines Kindergartens auf Beobachtungsinhalte einigen würden. Dazu ist es notwendig, sich in Absprache mit den Grundschullehrerinnen und -lehrern darüber zu verständigen, was „Schule" von den Kindern erwartet, über welche Fähigkeiten und Fertigkeiten „Schulkinder" bei der Einschulung verfügen sollten. Es bleibt in jedem Fall der Erzieherin überlassen, welchen der beiden Tests sie bevorzugt und ob sie überhaupt einen Test zur Absicherung ihres eigenen Urteils benötigt. Ihr Urteil ist oft aufgrund der langen Beobachtungszeit, die ihr zur Verfügung steht, so abgewogen und auch zuverlässig, dass sie Eltern hinsichtlich der Schulfähigkeit ihrer Kinder auch sehr gut, ohne einen Test durchzuführen, beraten kann. Sie gewinnt im Laufe der Kindergartenzeit eines Kindes einen guten Überblick über seine Stärken und Schwächen und kann daher auch gezielt Aussagen darüber machen.

5.3 Beobachtungs- und Förderbereiche

Was sollte ein Kindergartenkind am Ende seiner Kindergartenzeit können? Über welche Fähigkeiten und Fertigkeiten sollte es
konkret verfügen? Wie kann die Erzieherin es fördern und unterstützen und welche Hinweise kann sie z. B. auf Beratungsstellen geben, wenn dies erforderlich sein sollte? Im Folgenden wird
versucht, eine Antwort darauf zu geben, wobei jedoch immer
wieder berücksichtigt werden muss, dass es für Schulfähigkeit
keine einheitliche Größe geben kann und dass Kinder Stärken
auf einem Gebiet und Schwächen auf einem anderen haben
und dennoch schulfähig sein können. Die einzelnen Beobach-
tungs- und auch Förderbereiche werden nun konkret beschrieben, wobei auch die Grenzen der Förderung im Kindergarten
aufgezeigt und auf Möglichkeiten der professionellen Hilfe verwiesen wird.

5.3.1 Denkstrukturen

Die Denkstrukturen von Kindergartenkindern umfassen im Allgemeinen die Stufen des vorbegrifflichen und des anschaulichen
Denkens sowie bei älteren Kindern in der Übergangsphase
Kindergarten – Schule auch schon die der konkreten Operationen. Ihr Denken ist zwar immer noch überwiegend an die An-
schauung gebunden und benötigt noch häufig den konkreten
Umgang mit Gegenständen, um zu Lösungen zu gelangen,
aber es löst sich schon immer mehr von Wahrnehmungseindrücken. Zwischen der Stufe des anschaulichen Denkens (bis 7/8
Jahren) und der Stufe der konkreten Operationen (ab 7/8 Jahren) gibt es je nach Förderung fließende Übergänge. Auch wenn
die Mehrheit der Kinder noch zum größten Teil anschaulich
denkt, gibt es doch auch Kinder, die in dieser Phase Problemlö-

sungen schon auf der Vorstellungsebene vornehmen können und deren Lösungsversuche zu einem großen Teil durch rein gedankliches Operieren erfolgen. Sie müssen nicht mehr in jedem Fall mit Gegenständen umgehen, um zu Ergebnissen zu kommen. Dabei spielt die Beteiligung der Sprache eine große Rolle. Mit dem zunehmendem Erwerb sprachlicher Begriffe werden sie von Wahrnehmungseindrücken immer unabhängiger und bereiten immer öfter die Lösung gedanklich vor (s. auch Kap. 4.2.1). Dies ist jedoch nur bei entsprechender Förderung der Fall.

Häufig fragen Eltern die Erzieherin ihres Kindes etwas unsicher: „Wie beurteilen Sie die Intelligenz unseres Kindes?" Diese Frage ist schwer zu beantworten. Intelligenz ist die Fähigkeit, unter Rückgriff auf angeborene und erworbene Fähigkeiten, angemessen auf neuartige Situationen zu reagieren. Die Erzieherin kann den Eltern darüber Auskunft geben, welche der anschaulichen oder auch konkreten Operationen im Sinne der Piaget'schen Intelligenzentwicklung ihr Kind schon in der Lage ist vorzunehmen. Sie kann dabei auf vielfältige Beobachtungen zurückgreifen und diese den Eltern schildern, ohne sich dabei auf die Angabe „intelligent" oder „nicht sehr intelligent" festlegen zu lassen. Am besten schildert sie konkret, was sie beobachtet, gehört und gesehen hat. Sie teilt den Eltern z. B. mit, ob das Kind Mengen bis fünf erfassen, ob es bis zehn zählen, geometrische Merkmale (Dreieck, Viereck) unterscheiden, Beziehungen erkennen (größer/kleiner), Kategorien und Oberbegriffe bilden (Hund und Katze sind beides Tiere; Stuhl und Tisch sind beides Möbel), Bildinhalte und Geschichten behalten und kleinere Rechenaufgaben (du hast drei Bälle und du verlierst einen, wie viele hast du dann noch?) lösen kann. Die Erzieherin stützt sich dabei auf ihre Beobachtungen beim Umgang des Kindes mit den verschiedensten Spielmaterialien (Memory, Differix, Schau genau, Mensch ärgere dich nicht usw.).

Denkfähigkeit ist auch immer an das sprachliche Ausdrucksvermögen gebunden. Kann das Kind schlussfolgernd denken und z. B. „Wenn-dann-Beziehungen" sprachlich erfassen? Versteht es, wenn die Erzieherin ihm sagt: „Wenn du das machst, dann passiert das und das?" Im Kindergartenalltag hat die Erzieherin vielfältige Möglichkeiten spielerisch festzustellen, welche konkreten Operationen das Kind schon vornehmen kann, sie stellt z. B. eine Reihe von Klötzchen vor das Kind und bittet es, sie der Größe nach zu ordnen und danach die Reihenfolge mit anderen Klötzchen logisch fortzusetzen. Oder aber sie lässt das Kind sogenannte „Zuordnungsübungen" machen, indem sie z. B. eine Reihe von Gabeln auf den Tisch legt und das Kind auffordert, den Gabeln dieselbe Anzahl von Messern zuzuordnen. Sie kann diese Übung erschweren, indem sie die Reihe der Gabeln auseinanderzieht, die Reihe der Messer zusammenschiebt und dann das Kind fragt, ob gleich viele Gabeln und Messer vorhanden seien. Wenn die Kinder im Kindergarten frühstücken oder Mittag essen, ergeben sich auch vielfältige Möglichkeiten, Reihungen und Zuordnungen vornehmen zu lassen. („Hat jedes Kind einen Becher?" „Hier haben wir gleich viele Tassen und Untertassen. Jetzt stelle ich die Tassen so zusammen und die Untertassen so, haben wir jetzt immer noch gleich viele Tassen und Untertassen?") Solche und andere Übungen mit ganz unterschiedlichem Material (Perlen, Münzen, Murmeln etc.) entsprechen den Vorschlägen Piagets und trainieren die Denkfähigkeit. Auf diese Weise werden spielerisch die Problemlösefertigkeiten der Kinder geschult, ohne dass dies einem „gezielten Denktraining" im Sinne eines Tests gleichkäme. Die Effektivität von psychologischen Trainingsprogrammen zur Erhöhung der kognitiven Fähigkeiten ist ohnehin begrenzt, wie vielfältige Untersuchungen ergeben haben (Hasselhorn und Hager 1995, 1996).

Im Kindergarten haben Erzieherinnen die Möglichkeit, kontinuierlich über Wochen und Monate hinweg spielerisch Übungen anzubieten und durchzuführen, welche die Kinder dazu herausfordern, nachzudenken, Vergleiche anzustellen, Beziehungen herzustellen und Verschiedenheit und Gleichheit von Mengen und Substanzen festzustellen. Mit anderen Worten, die Kinder werden dadurch gleichsam für alle diejenigen Denkoperationen sensibilisiert, die von ihnen später als Schulkinder verlangt werden, ohne jedoch gezielt darauf hinzuarbeiten. Es ist die Methode des gelenkten „Entdeckenlassens" und der kognitiven Anreize (Klauer 1989). Die Denkleistungen eines Kindes hängen eng mit dem Erwerb der Sprache zusammen. In der Schule werden dem Kind überwiegend sprachgebundene Leistungen abverlangt.

5.3.2 Sprachliche Leistungen

Ein Kindergartenkind, dessen Eltern Deutsch sprechen und das in Deutschland aufgewachsen ist, hat am Ende seiner Kindergartenzeit gewöhnlich die grammatischen Formen der Erwachsenensprache erworben. Einige grammatische Fehler können durchaus noch vorkommen und die Bildung von Passivsätzen noch schwer fallen, aber es spricht in vollständigen Sätzen, gebraucht auch Nebensätze, kann die Verbformen beugen (ich gehe, du gehst ...), spricht mit Pronomen, Adverbien und Adjektiven, spricht in Ich-Form und nennt sich nicht mehr selbst mit Namen (Es sagt: „Ich habe Durst" und nicht „Peter will trinken") und kann sein augenblickliches Tun angemessen benennen. Nicht alle Kinder, vor allem diejenigen nicht, deren Eltern die deutsche Sprache nicht bzw. nicht so gut beherrschen, verfügen über diese Fähigkeiten. Etliche beherrschen die grammatischen Strukturen nicht und weisen einen nur geringen Wortschatz auf.

Wenn Eltern die Erzieherin fragen: „Wie beurteilen Sie das sprachliche Ausdrucksvermögen meines Kindes?", dann kann sie Einzelbeobachtungen schildern, eventuell auch auf einen der vorgestellten Beobachtungsbögen zurückgreifen, um ihre Antworten zu begründen (s. Kap. 5.2). Sie wird angeben, ob das Kind spontan spricht oder nur wenn es gefragt wird, ob es beim Spielen sprechend in verschiedene Rollen schlüpfen und ob es im Rollenspiel den einzelnen Spielpartnern Worte in den Mund legen kann. Sie wird sagen können, ob es gewöhnlich mit anderen Kindern sprachlichen Kontakt aufnimmt, ob es nach Aufforderung im Gesprächs- bzw. Sitzkreis vom Wochenende erzählen mag, ob es Einzelheiten über Erlebnisse in der Familie schildert, von Geschwistern berichtet und ob es Geschichten, die vorgelesen worden sind, wiedergeben kann. Sie wird all dies aus der Erinnerung berichten oder sich auf Vermerke und Protokolle stützen, die sie angefertigt hat.

Die Erzieherin kann darauf verweisen, dass das richtige lautgetreue Hören und Sprechen eine sehr wichtige Voraussetzung für das Erlernen des Lesens und Schreibens ist. Sie kann bei dieser Gelegenheit auch den Eltern beschreiben, wie sie selbst in der Kindergartenarbeit versucht, eine phonologische Bewusstheit bei den Kindern in spielerischer Form durch Lautsynthese, Lautanalyse, Silbensegmentierungen zu schaffen. Phonologische Bewusstheit heißt Buchstaben, Laute und Silben heraushören und nachsprechen zu können. Im Kindergarten wird dies oftmals über Abzählverse, Reime, kleine Gedichte erzielt, die den Kindern Spaß machen und gleichzeitig auch ihre sprachlichen und akustischen Fähigkeiten schulen.

Einige Kinder weisen Verzögerungen in der Sprachentwicklung auf, die manche Eltern noch nicht bemerkt haben. Dann ist es die Pflicht der Erzieherin, die Eltern darauf aufmerksam zu machen, dass ihr Kind z. B. grammatisch noch nicht richtig spricht, die Einzahl- und Mehrzahlbildung noch nicht beherrscht, Endungen verschluckt, eventuell noch nicht alle Laute bzw. Buchstaben richtig aussprechen kann oder auch Sprachstörungen aufweist, wie Stottern, Stammeln, Lispeln, Poltern oder Ähnliches. Viele Eltern ahnen zwar, dass die sprachlichen Fähigkeiten ihres Kindes noch nicht so gut ausgeprägt sind, aber sie glauben häufig, dass „sich das noch herauswachse". So unternehmen sie nichts, warten ab und hoffen insgeheim auf sprachliche Entwicklungsfortschritte in der Schule. Es wäre Aufgabe der Erzieherin, die Eltern darin zu unterstützen, zusammen mit diesen Kindern frühzeitig eine logopädische Beratungsstelle (in Klinik oder Fachpraxis) aufzusuchen.

Die logopädische Beratungsstelle:

Die Aufgabe von Logopädinnen und Logopäden besteht darin, Kommunikationsstörungen zu behandeln, aber auch bei beginnenden Symptomen, die mit Störungen der Stimme, der Sprache, des Sprechablaufs und des Redeflusses sowie des Gehörs zu tun haben, präventiv und beratend einzugreifen.

Logopädinnen und Logopäden behandeln sprach- und sprechgestörte Kleinkinder, Schulkinder, Jugendliche und Erwachsene. Im vorschulischen und schulischen Bereich spricht man meistens von Sprachheilpädagoginnen und -pädagogen. Je nach Störungsbild, Entstehung, Dauer und Verlauf der Sprach- bzw. Sprechstörung gibt es eine Vielzahl von Behandlungsansätzen: direkte und indirekte Verfahren, symptomorientierte, psychotherapeutisch-psychosozial angelegte und integrative „Therapiepakete". Fast immer werden die Eltern in die Therapie mit einbezogen, damit sie dem Kind gegenüber sprachfördernde Verhaltensweisen zeigen, wie z. B. selbst langsam sprechen, sich Zeit nehmen beim Zuhören, eine beruhigende Umgebung schaffen, Stress vermeiden usw. Direkte Programme beinhalten Sprechaufbauprogramme und haben das Ziel, das Sprechtempo des Kindes, seine Sprachmelodie und seine Atmung zu verändern, indirekte Programme schaffen eher die psychischen, physiologischen und linguistischen Voraussetzungen, um beim Kind flüssiges Sprechen zu fördern und zu stabilisieren. Ansatzpunkte dafür sind das Aufmerksamkeitsverhalten, die auditive Wahrnehmung und besonders die Schulung der Mundmotorik des Kindes (Wirth 2000).

Kieferothopädische Praxen:

Manche Kinder fallen im Kindergarten durch Zahn- und Kieferfehlstellungen auf, so dass eine kieferorthopädische Betreuung und eventuelle Behandlung angezeigt ist. Zahn- und Kieferfehlstellungen können die Ursache für fehlerhaftes Sprechen sein. Die Erzieherin kann bei den Eltern anfragen, ob eine Vorstellung bei einem Kieferorthopäden schon einmal von ihnen in Erwägung gezogen worden ist.

Audiopädiatrische Zentren:

Vielfach hängen Sprachfehler, falsches grammatisches Sprechen oder das Verschlucken einzelner Laute mit einer Schwerhörigkeit zusammen, die aus einer bislang nicht entdeckten Schallleitungs- oder auch einer Innenohrschwerhörigkeit bestehen kann. Der Besuch beim Ohrenarzt wäre dann dringend anzuraten. Häufiger jedoch sind Sprachentwicklungsstörungen lediglich auf eine Hörschwäche zurückzuführen, genauer gesagt, auf eine akustische Diskriminations- oder auch Differenzierungsschwäche. Eltern sind oft sehr erstaunt, wenn man sie darauf aufmerksam macht, dass bei ihrem Kind eine mangelnde Lautdifferenzierung vorliegen könnte, und sie sagen häufig: „Aber mein Kind hört doch, was ich sage!" Die Erzieherin kann dann antworten, dass dies selbstverständlich der Fall sei, dass das Kind im Gespräch alles verstünde und auch richtig antworte, aber dass ihr aufgefallen sei, dass es Buchstaben verwechsle, auslasse oder falsch ausspreche. Um dies genauer abzuklären, sei eine differenzierte Hörüberprüfung notwendig, die auch nur in besonderen audiopädiatrischen Zentren vorgenommen werden könne. Eine Überprüfung bei niedergelassenen Hals-, Nasen-, Ohrenärzten sei hier nicht immer ausreichend. Bei allen Hinweisen auf die Notwendigkeit einer genaueren Überprüfung kann die Erzieherin eine solche nicht erzwingen, sie kann gegenüber Eltern nur informierend und beratend tätig sein.

5.3.3 Grobmotorik

Im Alter zwischen drei und sechs Jahren ergeben sich ganz erhebliche Fortschritte im Körperwachstum, in den Körperproportionen und der Körpermotorik eines Kindes. Dies bezieht sich sowohl auf die Körperbeherrschung, die Geschicklichkeit und die Bewegungsleistung, als auch auf die Hand-, Arm und Beinkraft. Kinder in diesem Alter weisen eine erstaunliche Sicherheit, Wendigkeit und Geschicklichkeit auf. Kraft und Ausdauer nehmen zu, Bewegungs- und Geschicklichkeitsspiele sind sehr beliebt. Manche Kinder übertreffen in einigen dieser Bereiche sogar untrainierte Erwachsene (Nickel und Schmidt-Denter 1995). Doch einige Kinder weisen in ihrer Gleichgewichtsbeherrschung noch Unsicherheiten auf, fallen häufig hin, klettern und balancieren nicht gerne, haben Gang- und Gehstörungen und verfügen nicht über koordinierte Arm- und Beinbewegungen. Wozu sollte ein schulfähiges und schulbereites Schulkind motorisch in der Lage sein? Es sollte die Treppe hinauf- und herabsteigen können, und zwar mit beiden Beinen nacheinander und nicht mehr im Kleinkindschritt. Es sollte in der Lage sein, das Gleichgewicht auf einem Bein stehend einige Sekunden zu halten, auf einem Bein im Stand und im Vorwärtsgehen zu hüpfen, auf einem Balken oder zumindest auf einem auf den Boden gemalten Streifen zu balancieren oder auch mit beiden Beinen gleichzeitig seitlich über ein Seil springen zu können.

Motorische Störungen können zu Beeinträchtigungen in allen Entwicklungsbereichen führen und auch Indikatoren für frühkindliche Hirnschädigungen und Bedingungsfaktoren für späteres Schulversagen sein, daher ist es von großer Bedeutung, das Bewegungsmuster und Bewegungsverhalten eines Kindes, seine Körperbeherrschung und Körperkoordination zu beobachten. Ohne in der Durchführung von Tests zur Erfassung der Körperkoordination ausgebildet zu sein, können Erzieherinnen Beobachtungen der Grobmotorik und des gesamten Bewegungsverhaltens sehr gut im freien Spiel der Kinder drinnen und draußen auf dem Gelände oder auch bei gezielten Turnübungen beobachten und dabei Unsicherheiten, Ängstlichkeiten, Gehemmtheiten, schnelle Ermüdbarkeit usw. erkennen. Wirkt ein Kind in seinen Bewegungen plump, kleinkindlich, extrem unsicher und ungelenk, ist es ratsam, die Eltern darauf aufmerksam zu machen und die Vorstellung bei einer Krankengymnastin oder auch Ergotherapeutin anzuraten. Eltern sind hier häufig sehr unsicher und wissen nicht, an wen sie sich wenden sollen und können. Der Rat der Erzieherinnen ist daher von großer Bedeutung – verbunden mit dem Hinweis, sich zunächst an den Kinderarzt zu wenden, der dann aufgrund einer entsprechenden Untersuchung ein Rezept für eine krankengymnastische bzw. physiotherapeutische und/oder ergotherapeutische Behandlung ausstellen kann.

Die krankengymnastische bzw. physiotherapeutische Behandlung

Krankengymnastinnen und -gymnasten oder auch Physiotherapeutinnen und -therapeuten untersuchen und behandeln aufgrund ärztlicher Verordnungen. Ihre Behandlungsmethoden basieren auf neurophysiologischer Grundlage, beinhalten gezielte Bewegungs-, Koordinations- und Gleichgewichtsübungen und haben das Ziel, angeborene Schäden oder auch postoperative Beeinträchtigungen an den Bewegungsorganen zu beseitigen, Schmerzen zu lindern, die Muskulatur zu stärken und Nervenverbindungen zu aktivieren. Die Diagnose für eine krankengymnastische bzw. physiotherapeutische Behandlung ist in jedem Fall eine medizinische.

Ergotherapeutinnen bzw. -therapeuten werden auch als Arbeits- und Beschäftigungstherapeuten bezeichnet. Ähnlich wie die Krankengymnasten bzw. Physiotherapeuten gehören sie zu der Gruppe der nichtärztlichen Therapieberufe im Gesundheitswesen. Ihre Ausbildung an staatlichen Ausbildungsstätten dauert ebenfalls drei Jahre und umfasst neben der Ausbildung in medizinischen Fächern auch die Ausbildung in handwerklichen und gestalterischen Techniken. Ergotherapeuten, die mit Kindern arbeiten, haben sich meist auf die Behandlung von motorischen, perzeptiven, sensumotorischen, geistigen und sozialen Störungen spezialisiert. Ihre Behandlungsmethoden umfassen häufig motorisch-funktionelle Verfahren, um die Beweglichkeit in Grob- und Feinmotorik, das Gleichgewicht, die Koordination, die Muskelkraft und die Ausdauer der Kinder zu schulen sowie auch neurophysiologische Verfahren, um kognitive Störungen der Kinder in der Wahrnehmungs- und Orientierungsfähigkeit, des Gedächtnisses, der Konzentration und der Aufmerksamkeit zu beheben.

Ergotherapeutinnen und -therapeuten behandeln bei Kindern u. a. „sensorische Integrationsstörungen". Darunter versteht man eine mangelhafte Fähigkeit des Gehirns, Sinneseindrücke zu verarbeiten und zwar im weitesten Sinne: motorische Ungeschicklichkeiten beim Balancieren, Hüpfen, Fangen eines Balles, Malen, Zeichnen und Schreiben, Unsicherheiten in grob- und feinmotorischen Bewegungsabläufen, beeinträchtigte Merkfähigkeit, leichte Ermüdbarkeit, Ängstlichkeit, Kontaktarmut. Sensorische Integrationsstörungen betreffen fast immer die Gesamtpersönlichkeit eines Kindes und können sich spätestens in der Schule als Lernstörungen äußern. Doch dann ist es oftmals für eine sensorische Integrationstherapie schon zu spät, die ihre besten Chancen im Kleinkind- und Vorschulalter hat. Deshalb ist es so wichtig, dass Erzieherinnen die Tätigkeitsbereiche der Krankengymnastik bzw. Physiotherapie und Ergotherapie kennen und rechtzeitig auf entsprechende Behandlungsmöglichkeiten hinweisen. Wenn Krankengymnasten oder Ergotherapeuten mit Kindern arbeiten, dann gehört die Beratung der Eltern selbstverständlich mit zu ihren Aufgaben.

5.3.4 Feinmotorik

Die Feinmotorik entwickelt sich aus der Grobmotorik. Während das Kleinkind noch mit dem gesamten Arm aus dem Schultergelenk heraus malt und häufig auch noch den Oberkörper zu Hilfe nimmt, gelingt es Kindergartenkindern zwischen vier und sechs Jahren schon immer besser, ihre Bewegungen nur mit dem Unterarm bzw. dem Handgelenk und den Fingern zu steuern. Feinmotorische Leistungen zeigen sich im Ein- und Auffädeln, im Stecken und Bauen von immer kleineren Figuren bis hin zum Basteln, Schneiden und Malen. Bauecke und Maltisch sind die Übungsorte im Kindergarten, an denen feinmotorische Fähigkeiten gefestigt werden.

Viele Kinder gewöhnen sich beim Malen und Zeichnen eine falsche Stifthaltung an. Es ist immer wieder erstaunlich zu sehen, welche Bandbreite an Möglichkeiten es gibt, einen Stift zu halten. Erzieherinnen sollten eine falsche Stifthaltung möglichst rechtzeitig erkennen und auch korrigieren; sie sollten es tun, bevor die Kinder sich nicht mehr umgewöhnen wollen und können. Der Stift sollte von Zeigefinger und Daumen umfasst werden und dabei auf der linken Seite des Mittelfingers aufliegen. Manche Kinder rutschen mit Zeigefinger und Daumen so weit nach unten, dass sie die Spitze des Stiftes nicht mehr sehen können. Auch diese Stifthaltung bedarf der Korrektur durch die Erzieherin. Sie sollte auch die Eltern des Kindes bitten, ihrerseits zu Hause darauf zu achten.

Feinmotorische Fähigkeiten hängen von einer guten Auge-Hand-Koordination oder auch visuomotorischen Koordination ab. Barth (1998) gibt in seinen diagnostischen Einschätzskalen (DES) für Erzieherinnen und auch Grundschullehrerinnen und -lehrer eine Fülle solcher visuomotorischen Koordinationsübungen an (s. Kap. 5.2). Sie stellen ein sehr gutes Übungsmaterial dar und sind auch in vielen Mappen zur Vorschulerziehung erhältlich. Aber die Erzieherin hat im Kindergartenalltag auch ohne den Gebrauch von Mappen genügend Gelegenheit, feinmotorische Fertigkeiten bei ihren Kindern zu fördern. Das ergibt sich schon aus dem situationsorientierten Ansatz der Kindergartenpädagogik, der vielfältige Anlässe schafft, Umwelterfahrungen auch zeichnerisch und malend festzuhalten.

Eine wichtige Voraussetzung für das Erlernen des Lesens und Schreibens stellt die Figur-Grund-Unterscheidung dar, die in sogenannten Suchbildern geübt werden kann. Dabei müssen bestimmte Formen, zum Beispiel übereinander gezeichnete Kreise, Vierecke, Dreiecke in ihren Umrissen wiedererkannt und mit dem Stift umrissen werden. Dies setzt die für das Lesen und Schreiben unerlässliche Fähigkeit zur Erfassung von Formkonstanz voraus und zwar unabhängig von ihrer Farbe, Lage, Größe. Sie ist die bedeutendste Leistung der Wahrnehmung überhaupt und ist die Grundlage für das Erfassen räumlicher Beziehungen, einer Fähigkeit, die sowohl Figur-Grund-Unterscheidung, Formkonstanz, Erkennen der Lage im Raum als auch das komplexe Beziehungsgefüge zwischen ihnen voraussetzt (Lockowandt 1996). Wahrnehmungsstörungen haben vielfältige Auswirkungen auf die Grob- und Feinmotorik und selbst auf die Gefühlswelt des Kindes. Wahrnehmungsgestörte Kinder sind häufig ängstliche Kinder, die sich nichts zutrauen, die unsicher sind und keine sichere Körperorientierung haben. Sie sollten möglichst früh eine krankengymnastische und/oder ergotherapeutische Behandlung beginnen. Es ist selbstverständlich, dass alle organischen Ursachen einer Sehstörung von einem Augenarzt abgeklärt werden sollten.

Augenärztliche Untersuchung

Kinder, die nicht so gut sehen können, haben des öfteren Kopfschmerzen, blinzeln mit den Augen, kneifen sie zusammen und/oder halten die Augen sehr dicht an das Papier, auf dem sie malen oder an das Material, Bauklötzchen oder Ähnliches, mit dem sie spielen. Erzieherinnen müssen damit rechnen, dass sich ein nicht unerheblicher Anteil von Kindern mit organisch bedingten und unentdeckten Sehstörungen (Schielen, Weitsichtigkeit, Kurzsichtigkeit, Stabsichtigkeit usw.) im Kindergarten befindet. Es ist dann ihre Aufgabe, die Eltern auf Sehschwächen und Sehstörungen aufmerksam zu machen und zu motivieren, einen Augenarzt aufzusuchen. Alle oben genannten Untersuchungen und Behandlungen sollten, wenn möglich, vor Schuleintritt erfolgt sein.

5.3.5 Händigkeit

Händigkeit gehört zur Lateralität, worunter die Seitigkeit eines Menschen verstanden wird. Zur Lateralität zählt neben der Händigkeit auch die Füßigkeit, Äugigkeit und Ohrigkeit. Wenn Lateralität eine Bedeutung für den Menschen hat, dann nur in dem Sinne, dass weitgehende Übereinstimmung unter den paarig angelegten Organen bzw. Extremitäten herrschen sollte. Sie ist oft, aber nicht immer gegeben. So ist z. B. die Übereinstimmung zwischen Händigkeit und Ohrigkeit nicht so stark wie die zwischen Händigkeit und Äugigkeit sowie Händigkeit und Füßigkeit. Mit der Rechtshändigkeit geht fast immer auch eine Rechtsfüßigkeit einher und zu 80 % auch eine Rechtsäugigkeit, d. h. rechtshändige Kinder benutzen z. B. beim Fußballspielen das rechte Bein und beginnen beim Treppensteigen mit dem rechten Bein. Bei rechtshändigen Kindern ist meistens das rechte Auge dominant. Man kann dies sehr gut beobachten, wenn man sie durch ein Fernrohr schauen lässt: Sie führen es meistens an das rechte Auge. Die Lateralität eines Kindes spielt nicht nur beim Erlernen des Schreibens eine große Rolle, sondern auch bei vielen anderen grob- und feinmotorischen Tätigkeiten, beim Springen, Hüpfen, Laufen, Fußballspielen, beim Fangen, Greifen, beim Turnen, Balancieren und bei allen Gleichgewichtsübungen.

Die meisten Menschen sind Rechtshänder, nur ca. 20 –25 % sind Linkshänder. Über die Ursachen der Linkshändigkeit gibt es unterschiedliche Meinungen. Konsens besteht jedoch in der Annahme, dass Linkshändigkeit angeboren ist. Linkshändigkeit wird nicht mehr wie früher als Makel angesehen und stellt auch schon lange kein pädagogisches Problem mehr dar. Linkshändige Kinder werden heute nicht mehr umerzogen, entsprechenden Unsicherheiten auf Seiten der Eltern sollten Erzieherinnen mit Nachdruck entgegentreten und vor allem auf Beidhändigkeit achten. Im Allgemeinen geht man davon aus, dass die Händigkeit mit ca. zwei Jahren festgelegt ist. Im Kindergarten kann es jedoch immer wieder vorkommen, dass Kinder einmal mit der rechten Hand und einmal mit der linken malen. Hier sollten die Erzieherinnen sanft eingreifen und das Kind ermuntern, den Stift immer mit derselben Hand zu ergreifen; ob dies nun mit der linken oder mit der rechten Hand erfolgt, ist nicht von Belang. Linkshändigkeit besitzt auch für die Frage der Einschulung keine Bedeutung. Stellt die Erzieherin jedoch fest, dass ein Kind sich in seiner Händigkeit nicht festlegen kann, sollte sie diese Beobachtung unbedingt den Eltern mitteilen, damit sie ihr Kind einem Schulpsychologen vorstellen, der eine gezielte Händigkeitsuntersuchung vornimmt und so dem Kind raten kann, auf welche Hand es sich festlegen sollte.

Ganz allgemein gilt es, auch darauf zu achten, ob ein Kind Bewegungstätigkeiten mit der linken Hand ausführt, jedoch mit der rechten Hand malt oder bastelt. Dann liegt die Vermutung nahe, dass das Kind eigentlich linkshändig ist, jedoch vom Elternhaus aus dazu angeleitet wurde, bei allen Schreib- oder Maltätigkeiten den Stift in die rechte Hand zu nehmen. Ein Gespräch mit den Eltern sollte dies klären, um gegebenenfalls über den heutigen Umgang mit der Linkshändigkeit von Kindern zu informieren. Manchmal hilft es, Eltern, die sich nicht an die Linkshändigkeit ihres Kindes gewöhnen können oder wollen und es doch wider besseren Wissens dazu anhalten, „das schöne Händchen" zu geben bzw. den Stift in die rechte Hand zu nehmen, zu erzählen, wie viele berühmte Männer und Frauen es in Kunst, Kultur, Sport, Wissenschaft und Politik gibt, die linkshändig sind bzw. waren (die Künstler Leonardo da Vinci und Michelangelo, der Dichter Friedrich v. Schiller, der Mathematiker Albert Einstein, die Florettfechterin Anja Fichtel, der Politiker Bill Clinton und viele andere mehr).

Um sich selbst Klarheit zu verschaffen, kann die Erzieherin auch schon im Vorfeld recherchieren und im spielerischen Umgang das Kind sogenannte Funktionsproben durchführen lassen. Im Kindergartenalltag ergeben sich eine Fülle von Alltagssituationen, in denen Beobachtungen gemacht werden können. Man unterscheidet dabei „beidhändige Proben", bei denen die Erzieherin beobachtet, welche Hand jeweils die ausführende bzw. die bewegende und welche die eher haltende ist.

Einhändige Proben	Beidhändige Proben
Hand geben	Händeklatschen
Stift in die Hand nehmen	Garn aufwickeln
Löffel in die Hand nehmen	Karten mischen
Kamm halten	Karten austeilen
Zahnbürste halten	Ausschneiden
Hämmern etc.	Bleistift anspitzen
Herd anschalten	Brot schneiden
Tür aufmachen	Korken ziehen
Ball werfen	Schuhe putzen
Licht anknipsen	Einfädeln etc.

Die kognitiven, sprachlichen und motorischen Fähigkeiten eines Kindes beeinflussen sein emotionales Verhalten und werden ihrerseits von ihm gesteuert. Es besteht eine wechselseitige Beeinflussung.

5.3.6 Emotionales Verhalten

Das emotionale Verhalten ist Teil der Persönlichkeit eines Kindes und prägt sein gesamtes Verhalten. Bei der Ausweitung und Differenzierung der Gefühlswelt des Kindes spielen soziale und kognitive Faktoren eine große Rolle, die zu einer zunehmenden Selbststeuerung führen. Gefühlsauslösende Situationen werden durch Erkenntnisprozesse und bestimmte Denkstrukturen beeinflusst. Denken und Fühlen hängen unmittelbar miteinander zusammen. Aus der Depressionsdiagnostik ist bekannt, dass negative Gedanken zu Gefühlen von Traurigkeit und Hoffnungslosigkeit führen. Goleman (1998) hat den Begriff der „Emotionalen Intelligenz" geprägt und unterstreicht damit einerseits den Zusammenhang von Intelligenz und Emotionen und andererseits auch die Bedeutung der Fähigkeit, eigene Gefühle unte einer angemessenen Kontrolle zu halten. Er spricht von der „Schulung der Gefühle", die u. a. auch auf einer Schulung des positiven Denkens beruht. Zum ABC der emotionalen Intelligenz nach Goleman gehört die Wahrnehmung der eigenen Gefühle und das darauffolgende Handeln. Zwischen Gefühlswahrnehmung und Handlung sollten immer einige Sekunden liegen, damit die „große Wut" zu einer „kleinen Wut" heruntergeschraubt werden kann. Oftmals helfen auch schon kleine Tipps der Erzieherin: „Wenn du merkst, dass du sehr wütend bist, dann hole tief Luft, ehe du etwas sagst oder tust."

Mit wachsendem Alter gewinnen Erwartungshaltungen sowie Billigung und Missbilligung anderer als Reaktionen auf das emotionale Verhalten eine immer größere Bedeutung, so dass die Ausdrucksformen der Gefühlsreaktionen der Kinder im Kindergarten situationsspezifischer und damit auch angemessener werden. Ausdrucksformen, die den ganzen Körper mit einbeziehen (sich z. B. vor Wut auf den Boden werfen) lassen mehr und mehr nach. Erzieherinnen erleben bei manchen Kindern täglich die gesamte Skala der Gefühlsreaktionen von Freude, Heiterkeit, Lachen, Wut, Ärger, Weinen bis hin zu Schreien. Geeignete Maßnahmen müssen stets individuell auf ein Kind zugeschnitten sein und können oftmals nur im gemeinsamen Gespräch mit den Eltern herausgefunden werden. Es gibt Kinder, die müssen ermutigt werden, ihre Gefühle stärker zum Ausdruck zu bringen und es gibt wiederum andere Kinder, die lernen müssen, ihre Gefühle zu zügeln. Wenn es um die Beurteilung eines einzelnen Kindes

geht, kann die Erzieherin versuchen, seine Grundstimmung festzustellen und sich zu fragen: In welcher Gemütsverfassung
kommt das Kind morgens in den Kindergarten? Ist es gut oder
schlecht gelaunt, ängstlich oder mutig, freudvoll oder traurig?
Weint es am Tage wiederholt und wenn ja, zu welchen Anlässen?
Zeigt es anderen seine Gefühle oder versucht es, sie eher zu ver-
bergen? Kann man überhaupt an seinem Gesichtsausdruck erkennen, wie es sich fühlt? Nimmt das Kind wahr, wie sich andere
Kinder fühlen? Ist es empfindlich, kann es Misserfolge ertragen,
im Spiel verlieren, anderen den Vortritt lassen? Wird es manchmal sehr wütend, rastet es aus, kann es mit seinen Emotionen
umgehen? Kann es seine Gefühle sprachlich ausdrücken? Erzieherinnen haben die Möglichkeit, mit Kindern über Gefühle zu
sprechen und sie diese vielleicht auch pantomimisch darstellen
zu lassen. Das Kinderbuch „Gefühle sind wie Farben" von ALIKI
(1992) eignet sich sehr gut dafür.

Eigene Emotionen angemessen ausdrücken zu können und
den Gefühlsausdruck anderer richtig deuten zu können, sind Fähigkeiten, die bei der Kontaktaufnahme mit anderen Kindern hilfreich sind. Es gibt große Unterschiede zwischen beliebten und weniger beliebten Kindern in ihren Versuchen, Kontakte mit anderen
Kindern zu knüpfen. Erstere nähern sich vorsichtig der Gruppe,
fragen an, ob sie mitspielen dürfen und warten ab, bis sie die Stimmung und die Atmosphäre des Spieles erfasst haben, sie zeigen
sich einfühlsam und zurückhaltend. Letztere erzwingen sich den
Zugang zur Gruppe, platzen in das Spiel hinein, versuchen sofort
die Initiative zu ergreifen und lassen sich nicht auf das Bezugssys-
tem der Gruppe ein, sondern versuchen, die Aufmerksamkeit auf
sich zu ziehen. Damit haben sie meistens keinen Erfolg und werden entsprechend zurückgewiesen.

Wie kann sehr ängstlichen Kindern geholfen werden, Kindern,
die sehr jähzornig sind, die ihre Emotionen nicht unter Kontrolle
bringen können? Dazu können Entspannungsübungen sehr nütz-

lich sein, ob es nun das „Autogene Training", „Yoga"-Übungen oder die „Progressive Muskelrelaxation" ist. Erfahrene Erzieherinnen bauen kleine Entspannungsübungen in den Alltag ihrer Kindergartenpädagogik ein. Sie wissen, dass manche Kinder unter starken Belastungen stehen und morgens schon unruhig, unausgeglichen und nervös in den Kindergarten kommen. Entspannungsübungen im Morgenkreis anhand von kleinen Geschichten zu entsprechender Musik können Kindern dazu verhelfen, ruhiger und gelassener zu werden. Entsprechende Übungen zur Entspannung von Kindern sind in den Büchern, Kassetten und CD's von Krowatschek zu finden (1997, 1999).

Kurse zur Entspannung und zum Stressabbau

Volkshochschulen oder Familienbildungsstätten bieten in allen größeren Städten „Entspannung für Kinder" nach verschiedenen Verfahren an. In Kursen zum „Autogenen Training" lernen Kinder gemeinsam mit anderen Kindern einen angemessenen Umgang mit eigenen Gefühlen und mit Gefühlen anderer. Sie erfahren die wohltuende Wirkung von Geschichten und Musik, sie spüren Ruhe und Gelassenheit und erleben angenehme Gefühle von Wärme und Schwere. Die Indikation für die Teilnahme an solchen Kursen ist bei Konzentrationsschwierigkeiten, Ängsten, Nervosität, Aggressivität usw. gegeben. Vielfach werden „Yoga-Kurse" für Kinder angeboten. Auch sie bieten Hilfen an bei Konzentrationsschwäche, bei Haltungsschäden und Verspannungszuständen und stellen Körpergefühl und Atem in den Mittelpunkt der Schulung. Leichte und sanfte Bewegungsabläufe führen zu innerer Harmonie und Ausgeglichenheit. Die Methode der „Progressiven Relaxation" kommt denjenigen Kindern entgegen, die sich nur schwer ihren Gedanken und Gefühlen überlassen können und die Meditation nicht so recht genießen können. Diese Kinder kommen erfahrungsgemäß besser mit einer Entspannungsmethode zurecht, die eine vorherige Anspannung der betreffenden Muskeln, wie bei der Progressiven Relaxation üblich, einbezieht. Einzelne Spannungszustände sollen dabei bewusst wahrgenommen und eine Sensitivierung für körperliche Anspannung erzielt werden, bevor dann die wohltuende Wirkung der Entspannung einsetzt.

5.3.7 Soziales Verhalten

Das Erlernen sozialer Kompetenzen ist ein lebenslanger Prozess, der in der Familie beginnt, in Kindergarten und Schule und auch im Berufsleben fortgeführt wird. Sozialverhalten ist flexibel und dynamisch, es ist stets an bestimmte Situationen gebunden, d. h. es gibt keine „Soll-Reaktionen". Das Sozialverhalten ist stark an das emotionale Verhalten des Kindes gekoppelt sowie an sein sprachliches Ausdrucksvermögen und damit auch wieder an den Entwicklungsstand seiner Denkstrukturen. Je besser ein Kind seinen Gefühlen mit Worten Ausdruck verleihen, je besser es sich in andere Kinder einfühlen kann (Empathie) und je toleranter es gegenüber Meinungsverschiedenheiten ist und diese sprachlich ausdrücken kann, je differenzierter seine Problemlösungsstrategien sind, desto besser ist sein Sozialverhalten.

Emotionale und soziale Reife sind Schulfähigkeitsmerkmale, aber sie sind schwer zu operationalisieren und zu konkretisieren. Welche Sozialkompetenz sollten schulfähige Kinder besitzen bzw. welche benötigen sie, um sich in der Schule gut behaupten zu können? Emotionale Ausgeglichenheit und soziale Verträglichkeit sind sehr günstige Voraussetzungen, um in der Schule gut lernen zu können, aber auch ein Schulkind hat noch alle Möglichkeiten, diese Fähigkeiten im Laufe seiner Schulzeit zu erwerben. Auch wenn – ähnlich wie bei den emotionalen Kompetenzen – über die sozialen Fähigkeiten keine quantitativen Angaben gemacht werden können, ist ein gewisses Maß an Selbstvertrauen und Ichkompetenz für den Schulerfolg notwendig. Darunter versteht man die Fähigkeit, sich selbst etwas zuzutrauen, also eine optimistische Grundhaltung und Vertrauen in die eigene Handlungskompetenz zu haben und gleichzeitig entscheiden zu können, was man tun will und Verantwortung für sein Handeln zu übernehmen. Auch in der Schule wird es im Klassenverband Auseinandersetzungen geben. Kinder haben es jedoch dann leichter, sich zu behaupten und sich durchzusetzen, wenn sie es gelernt haben, anderen Kindern zuzuhören, ihre eigene Meinung verbal zu vertreten, andere Meinungen anzuerkennen und zu tolerieren und bei Zwistigkeiten Kompromisslösungen zu finden. Es sind nicht diejenigen Kinder beliebt, die zuschlagen und sich durch Machtausübung und Einschüchterung behaupten, sondern diejenigen, die auf andere zugehen und bei Streitigkeiten vermitteln können.

Einige Eltern fragen die Erzieherin, wie sich ihr Kind im Kindergarten verhalte, ob es sich mit anderen Kindern vertrage, ob es gut mit ihnen auskomme, ob es von den anderen Kindern anerkannt werde, ob es eher scheu und zurückhaltend in der Gruppe sei, ob es sich durchsetzen könne oder ob es physisch aggressiv sei und oft Streit mit anderen Kindern habe. Die Erzieherin kann bei der Beantwortung dieser Fragen auf ihre Beobachtungsergebnisse zurückgreifen und sagen, ob das Kind Freunde bzw. Spielkameraden hat, ob es zuhört, wenn andere Kinder ihre Meinung sagen, ob es anderen Kindern hilft, wenn diese nicht weiterwissen, ob es ein „Nein" der Erzieherin oder anderer Kinder akzeptiert, ob es bei Konflikten nach konstruktiven Lösungen sucht und Kompromisse vorschlägt oder ob es sich mit Gewalt durchsetzt und oft in Prügeleien verwickelt ist.

Vielen Kinder fällt es jedoch auch noch am Ende ihrer Kindergartenzeit schwer, für sich Verantwortung zu übernehmen, sie handeln oft reflexhaft und entschuldigen ihr Tun mit den

Worten: „Der andere hat aber …" Wenn diese Worte fallen, könnten und müssten Erzieherinnen die Gelegenheit ergreifen, den Kindern klarzumachen, dass jeder für sich selbst und sein eigenes Handeln verantwortlich ist und es nicht mit dem Hinweis auf das Handeln eines anderen entschuldigen kann. Ganz allgemein gilt, dass auch Kinder in jeder Situation stets mehrere Möglichkeiten haben zu handeln. Welche Handlung sie ausführen, entscheiden immer sie selbst! Häufig fehlt Kindern diese Einsicht, aber man kann nicht früh genug damit beginnen, sie ihnen zu vermitteln. Voraussetzung dafür ist, dass Kinder die Erfahrung machen, dass ihnen mehrere Handlungsalternativen zur Verfügung stehen. Im Kindergarten können sie lernen, flexibel zu reagieren, indem Erzieherinnen ihnen in Konfliktsituationen aufzeigen, wie sie noch hätten reagieren und welche anderen Handlungen sie noch hätten ausführen können. Soziales Verhalten muss eingeübt werden, es stellt sich nicht von alleine ein, vor allen Dingen dann nicht, wenn das Vorbild im Elternhaus fehlt. Konstruktive Konfliktlösungen müssen gemeinsam mit den Kindern erarbeitet werden und dazu bieten sich alltägliche Konfliktsituationen an.

Am Ende der Kindergartenzeit haben die meisten Kinder gelernt, sich überwiegend friedlich mit anderen Kindern auseinander zu setzen. Die Erfahrung im Kindergarten zeigt jedoch auch, dass Kinder häufig ganz bestimmte und relativ konstante Tendenzen zeigen, mit Konflikten umzugehen: Es gibt einerseits Kinder, die dem Konflikt hilflos ausgeliefert sind, sich nicht wehren können, alles mit sich geschehen lassen, eher eine „Opferrolle" einnehmen und Hilfe bei der Erzieherin suchen, und es gibt andererseits Kinder, die tonangebend sind, sagen, wo es langgeht, bestimmen, kommandieren und auch häufig aggressiv sind. Sie nehmen eher die „Täterrolle" ein, manchmal sind sie auch Opfer und Täter zugleich. Diese Kinder brauchen Hilfe und Unterstützung von Erwachsenen. Die einen müssen in ih-

rem Selbstbewusstsein gestärkt und ermutigt werden, sich fried-
lich und mit Worten durchzusetzen, die anderen dagegen zur
Rücksicht auf andere angehalten und auch ermahnt werden,
Regeln und Abmachungen einzuhalten. Es gibt jedoch auch
Kinder, die in der Kontaktaufnahme zu anderen Kindern noch
Probleme haben und sich lieber Erwachsenen zuwenden. Die
Erzieherin kann dieses Verhalten dadurch beeinflussen, dass sie
Ansätze zur Kontaktaufnahme mit Gleichaltrigen durch Lob,
durch Lächeln, durch Streicheln bekräftigt und die Annäherung
an Erwachsene möglichst nicht beachtet.

Wenn Erzieherinnen beobachten, dass ein Kind aufgrund
seiner starken Emotionen und geringen Problemlösungsstrategien zum Außenseiter in der Kindergruppe wird, sozial isoliert
ist, keinen rechten Umgang mit anderen Kindern findet und sie
darüber hinaus auch Probleme des Elternhauses im Umgang
mit dem Kind sieht, dann sollte sie den Eltern raten, eine Erzie-
hungs- bzw. Familienberatungsstelle aufzusuchen. Manche Eltern schrecken vor dem Besuch einer Erziehungsberatungsstelle
zurück, was teils auf Unkenntnis, teils auf Vorurteile – „Zum
Psychologen gehe ich nicht, das habe ich doch nicht nötig“! –
zurückzuführen ist.

Die Aufgaben einer Erziehungs- bzw. Familienberatungsstelle

In staatlichen, kirchlichen oder kommunalen Erziehungs- bzw.
Familienberatungsstellen und/oder in privaten Praxen arbeiten
überwiegend Diplom-Psychologinnen und -Psychologen sowie
-Pädagoginnen und -Pädagogen, die sich mit kindlichen und
auch elterlichen Verhaltensweisen und dem „System Familie“
auskennen. Sie wissen, dass im Beziehungsgeflecht Familie Probleme entstehen können, die sich zu Symptomen ausweiten
und sich in Auffälligkeiten oder in bestimmten Verhaltensweisen beim Kind zeigen. Je nach therapeutischer Zusatzausbil-

dung arbeiten sie analytisch, tiefenpsychologisch, verhaltens- oder gesprächstherapeutisch oder systemisch und bieten Eltern und Kindern entweder gemeinsam oder auch einzeln Gespräche an oder führen mit den Kindern Spieltherapien durch. Beratungsanlässe können alle Fragestellungen sein, die im weitesten Sinne Erziehungsfragen sind. Sie können sich auf das Kind oder die Eltern beziehen. Beraten werden Kinder, Jugendliche, Eltern, Paare, Alleinerziehende. Die Beratungsziele werden jeweils individuell mit den zu Beratenden festgesetzt. Die Beratung ist freiwillig und unentgeltlich. Die Berater sind zur Verschwiegenheit verpflichtet und dürfen Beratungsverlauf und Beratungsergebnisse nur mit Einverständnis der Betroffenen weitergeben.

6 Die Erzieherin als Gesprächspartnerin der Eltern

Neben der Betreuung, Erziehung und Bildung des Kindes besteht eine weitere Aufgabe der Erzieherin in der Zusammenarbeit mit seinen Eltern bzw. den Erziehungsberechtigten. Dies geschieht vor allem durch Information und Beratung. Die Eltern sollten nicht nur über die Ziele, Inhalte und Methoden der Kindergartenarbeit informiert werden, sondern über die Entwicklungsfort- oder auch -rückschritte ihrer Kinder auf dem Laufenden gehalten werden. Die Erzieherin sollte Eltern rechtzeitig auf professionelle Hilfen von außen, auf nötige Behandlungs- oder auch Untersuchungsmaßnahmen hinweisen, die aus ihrer Sicht notwendig sind. Aufgrund der geänderten Schulrechtsbestimmungen über den Einschulungstermin von Kindern (s. Kap. 3) kommt der Erzieherin eine zusätzliche Beratungsfunktion zu, die darin besteht, Eltern konkret Auskunft über ihre Beobachtungen hinsichtlich der Schulfähigkeit ihres Kindes zu geben bzw. Eltern auf bestehende Schwächen hinzuweisen und Hinweise auf zusätzliche Förder- und Unterstützungsmöglichkeiten zu geben. Damit Gespräche über diese Themen gelingen, bedarf es eines reflektierten Beratungsverständnisses der Erzieherin sowie einer besonderen Gesprächskompetenz.

6.1 Das Beratungsverständnis der Erzieherin

In der Beratungstätigkeit mit Eltern gilt es einige Grundsätze zu beachten. Die Erzieherin ist zwar verpflichtet, Eltern bestmöglich zu informieren und zu beraten, aber Beratung muss von den Ratsuchenden gewollt und angestrebt werden. Beratung darf niemandem aufgedrückt werden, Beratung ist immer freiwillig. Die Umsetzung des Beratungsergebnisses ist Sache der Ratsuchenden. Das bedeutet für die Erzieherin, dass sie zwar von sich aus Eltern Informationen geben und auch von ihnen Informationen einholen kann, jedoch niemals Eltern zu einem Beratungsgespräch ‚zwingen' darf. Sie kann sie ermuntern und ermutigen, zu einem Beratungsgespräch zu kommen, aber sie sollte Eltern nicht unter psychischen Druck setzen, ein solches Gespräch wahrzunehmen.

Ob eine Beratung gelingt oder misslingt, hängt auch vom grundlegenden Beratungsverständnis der Erzieherin ab. Wichtig dabei ist ihre positive Grundeinstellung den Eltern ihrer Kinder gegenüber. Einige Erzieherinnen haben, eventuell auch bedingt durch die Veränderung der familiären Lebensstile, manchmal eine etwas negativ gefärbte Meinung von der Erziehungsfähigkeit und -willigkeit der Eltern, wie eine Untersuchung und Befragung ergab (Ulich 1989). Sie kritisieren die „materialistische Haltung", das Desinteresse vieler Eltern an der Erziehung ihrer Kinder, die elterliche Unsicherheit in Erziehungsfragen und ihre passiv gewährende Haltung gegenüber dem Fernsehkonsum ihrer Kinder. Eine solche Einstellung führt bei manchen Erzieherinnen zu dem Gefühl, gegen Fremdeinflüsse „ankämpfen" zu müssen. Sie fühlen sich dadurch in der Umsetzung eigener Erziehungsziele behindert und nähern sich Eltern mit einer latenten Vorwurfshaltung. Das sind selbstverständlich keine guten Voraussetzungen, mit Eltern ein vertrauensvolles Gespräch zu beginnen. Erzieherinnen können sich jedoch von dieser Grundeinstellung lösen, indem sie sich vor Augen führen, dass Eltern vielfach aus Unwissenheit, Überforderung und Hilflosigkeit heraus handeln, jedoch dabei immer das Beste für ihr Kind wollen. Viele Eltern brauchen Unterstützung und sollten sich viel öfter als sie es tun an die Erzieherinnen ihrer Kinder wenden, denn diese haben sich, anders als Eltern, professionell auf die Erziehung von Kindern eingestellt und den Beruf der Erzieherin gelernt. Das professionelle Durchdenken von Erziehungszielen und auch von eigenen Erziehungsschwierigkeiten vermag Erzieherinnen dazu zu verhelfen, dass sie Eltern mit einem positiveren Verständnis gegenübertreten und damit auch eher in der Lage sind, unsicheren Eltern zu mehr Sicherheit im Umgang mit ihren Kindern zu verhelfen.

Die Beratung kann als Problemlösungsprozess verstanden werden, an dem die Erzieherin und die Eltern gleichermaßen beteiligt sind. Beratung setzt die Gleichwertigkeit und Gleichrangigkeit der Gesprächspartner voraus, die beidseitige Anerkennung der jeweiligen Kompetenzen (Redlich 1987). Die Erzieherin sollte sich nicht in der Rolle der Alleinwissenden fühlen und Eltern nicht das Gefühl geben, einen Informationsvorsprung zu haben. Eine solche Grundhaltung würde sie dazu verführen, Eltern zu belehren, ihnen Anweisungen zu geben und Ratschläge zu erteilen. Es wäre ein schwerer Fehler der Gesprächsführung, wollte die Erzieherin partout die Eltern von der Richtigkeit ihres eigenen Standpunktes überzeugen. Ein solches Gespräch könnte in gegenseitigen Angriffen oder Abwertungen enden und die Form einer verbalen „Kampfsituation" annehmen, die der Redegewandtere bzw. Wortgewaltigere für sich entscheiden würde. Um gar nicht erst in eine solche für beide Gesprächspartner unangenehme Situation zu gelangen, sollte das Grundverständnis und die Grundhaltung der Erzieherin offen sein und von der Überzeugung getragen werden, dass es keine objektive, sondern nur subjektive Auffassungen geben kann. Ziel eines Gesprächs ist es nicht, den

Gesprächspartner von der eigenen Sichtweise zu überzeugen, sondern seine Betrachtungsweise klar und deutlich zu schildern, sich die Perspektive und Überzeugung des anderen in Ruhe und Gelassenheit anzuhören um dann gemeinsam zu versuchen herauszufinden, ob es Anknüpfungspunkte, Überschneidungen und Ähnlichkeiten in den Ansichten gibt. Entscheidend für ein gutes Gespräch sind die Gesprächskompetenzen der Erzieherin.

6.2 Die Gesprächskompetenzen der Erzieherin

Ein gutes Gespräch setzt Kooperation zwischen Erzieherinnen und Eltern voraus und sollte das Ziel haben, durch den Austausch gemeinsamer oder verschiedener Standpunkte zu einer Verständigung zu gelangen. Dies geschieht am besten in der „kooperativen Gesprächsführung" (Redlich 1987, 2) (Tab. 5).

Tab. 5: Die kooperative Gesprächsführung

Kooperative Gesprächsführung	
Verstehen	Leiten
Aktives Zuhören	Strukturieren
Offene Fragen stellen	Vorschläge sammeln
Gedanken wiedergeben	Stellung nehmen
Gefühle wiedergeben	Beziehung klären

Die „kooperative Gesprächsführung" zeichnet sich dadurch aus, dass die Erzieherin im Gespräch versucht zu „verstehen" und zu „leiten". Der Verstehensprozess erfordert ein aktives Zuhören, das sich wiederum aus mehreren Variablen zusammensetzt. *Verstehen* meint, dass die Erzieherin sich bemüht, die Wahrnehmungen, Gedanken und Gefühle der Eltern einerseits zu erfassen und sie andererseits zu akzeptieren und nicht zu kritisieren. Um dies zu erreichen, muss die Erzieherin die Eltern zum Sprechen ermutigen und gleichzeitig zuhören können. Das erfordert Geduld und Gelassenheit. Wenn sie etwas nicht versteht, kann sie rückfragen, und zwar möglichst durch offene Fragen, damit die Eltern ihre Gedanken und Gefühle präzisieren können. Um sich zu vergewissern, dass sie alles gut verstanden hat, wiederholt sie die Gedanken der Eltern und gibt sie mit eigenen Worten wieder. Soweit Gefühle in den Äußerungen der Eltern eine Rolle spielen, kann sie diese ihrerseits ansprechen und dadurch zum tieferen Verständnis beitragen. Wenn Eltern den Eindruck haben, von der Erzieherin verstanden zu werden, zeigen sie sich meistens sehr kooperativ.

Neben dem Verstehensprozess muss die Erzieherin aber auch gleichzeitig das Gespräch *leiten*. Sie leitet das Gespräch, indem sie es strukturiert und damit den Problemlösungs- oder Verständigungsprozess voranbringt. Sie nennt zu Beginn des Gesprächs das Thema, formuliert gemeinsame Absprachen und fasst im Laufe des Gesprächs Ergebnisse zusammen. Sie kann versuchen, gemeinsam mit den Eltern Lösungsvorschläge zu machen und Vor- und Nachteile mit ihnen zusammen abwägen. Sie sollte ihre eigene Meinung deutlich zum Ausdruck bringen, also Stellung beziehen, jedoch nicht die Eltern überreden. Schwierig ist die Beziehungsklärung. Manchmal spürt die Erzieherin aus den Bemerkungen und Äußerungen der Eltern Skepsis und Misstrauen. Dann sollte sie dies in passender Form behutsam ansprechen, ohne die Eltern zu brüskieren.

Für den Gesprächsverlauf gilt, dass beide Leitlinien der Gesprächsführung, das Verstehen und das Leiten, nicht nacheinander zum Ausdruck kommen, sondern neben- und miteinander. Es kann durchaus sein, dass zeitweise einige dieser Variablen in der Gesprächsführung dominieren, dass sie dann aber auch wieder von anderen abgelöst werden. Es gibt hierfür keine allgemeingültigen Regeln. Die Erzieherin ist ganz auf ihre Intuition angewiesen. Das wichtigste Kriterium für eine gute Gesprächsführung ist das eigene Gefühl der Erzieherin und die Reaktion ihrer Gesprächspartner.

Innere und äußere Bedingungen einer guten Gesprächsführung

Damit ein Gespräch gelingt, sind einige innere und äußere Bedingungen zu beachten. Zu den inneren Bedingungen zählen:
- nicht unter Zeitdruck stehen
- sich gut auf das Gespräch vorbereiten
- sich auf den Gesprächspartner einstellen
- eine positive Grundeinstellung haben
- Ruhe und Gelassenheit ausstrahlen
- kein Überengagement
- nicht überreden wollen
- beim Thema bleiben
- Augen und Ohren offen halten
- auch nonverbal ermutigen und ermuntern

Als günstige äußere Bedingungen haben sich bewährt:
- angenehmer heller Raum
- freundliche äußere Atmosphäre schaffen
- keine Störungen durch Telefon oder Eintreten fremder Personen
- klare Zeitabsprachen treffen
- keine Termine in der Freizeit
- günstige Sitzordnung herstellen
- Blickkontakt halten

Es gibt einige „Türöffner", die den Beginn des Gesprächs erleichtern. Dabei handelt es sich um freundliche, zum Thema hinführende Bemerkungen wie:

- „Schön, dass unser Gespräch zustande kommt."
- „Schön, dass Sie sich die Zeit für ein Gespräch nehmen."
- „Haben Sie gut hierher gefunden?"
- „War es für Sie schwierig, Zeit für dieses Gespräch zu finden?"

Es gibt aber auch einige Gesprächsblocker, die fast jedes Gespräch zum Erliegen bringen und/oder unangenehme Gefühle bei dem Angesprochenen auslösen (Bachmair, Faber u. a. 1985). Dabei handelt es sich um:

- Ermahnen: „Das sollten Sie nicht wieder tun."
- Vorwürfe machen: „Wie konnten Sie nur ..."
- Ratschläge geben: „Am besten ist, wenn Sie ..."
- Anordnungen treffen: „Ich erwarte von Ihnen, dass Sie ..."
- Interpretieren: „Sie hatten sicherlich keine Lust dazu."
- Suggerieren/Überreden: „Es wäre sehr gut für Markus, wenn er ..."

Eine offene und kooperative Gesprächshaltung und Gesprächsführung sowie die inneren und äußeren Bedingungen für ein Gespräch erhöhen die Wahrscheinlichkeit dafür, dass das Gespräch gut gelingt und beide Gesprächspartner zufrieden stellt. Das hängt selbstverständlich nicht nur von der Erzieherin ab, sondern von allen Beteiligten, aber da die Erzieherin das Gespräch leitet, ist es von großer Bedeutung, dass sie ihre Gesprächskompetenzen einbringt, emotionale Wärme ausstrahlt, ein einfühlendes Verstehen zum Ausdruck bringt und vor allem in ihrem Verhalten echt ist, d. h. nicht aufgesetzt und gekünstelt wirkt.

6.3 Die Gesprächsführung der Erzieherin

Erstes Gesprächsbeispiel:

Zu den meistgestellten Fragen von Eltern am Ende der Kindergartenzeit ihres Kindes gehört die Frage nach der Schulfähigkeit. So auch bei Frau S.:

Frau S. bittet die Erzieherin an einem Februartag um ein Gespräch und deutet an, dass sie sich nicht sicher sei, ob sie Markus schon einschulen oder ob er nicht gleich in den Schulkindergarten gehen solle. Da Markus in diesem Jahr schulpflichtig wird, steht die schulärztliche Untersuchung unmittelbar bevor. Die Erzieherin kennt Markus schon seit fast zwei Jahren. Er war vier Jahre alt, als er zu ihr in den Kindergarten kam und ist zum Zeitpunkt des Gesprächs fast fünf Jahre und zehn Monate alt. Frau S. ist allein erziehend und ganztägig berufstätig. Ihre Mutter, also Markus' Großmutter, versorgt Markus zusätzlich am Nachmittag, wenn sie einmal später nach Hause kommt. Markus hat noch eine kleinere Schwester, die ebenfalls den Kindergarten besucht, jedoch in einer anderen Kindergruppe ist.

Terminabsprache: Die Erzieherin verabredet sich mit Markus' Mutter zu einem Zeitpunkt, an dem sie gewöhnlich Elterngespräche führt. Sie plant dafür eine Stunde, da sie spürt, dass es sich nicht um ein Routinegespräch handeln wird, sondern dass es Markus' Mutter um ein Problem geht.

Raumvorbereitung: Die Erzieherin richtet den kleinen Raum her, der für Elterngespräche gedacht ist, und entfernt alle Gegenstände, die dort sonst abgestellt werden, wenn keine Gespräche geführt werden. Sie rückt den kleinen Tisch zurecht und stellt zwei Stühle so hin, dass die Mutter und sie einander gegenüber sitzen und Blickkontakt haben können. Sie lüftet den Raum noch einmal vor dem Gespräch, denn oft ist die Luft in Räumen, die nicht ständig benutzt werden, etwas abgestanden. Wenn die finanziellen Mittel es erlauben, kann sie auch eine Tasse Kaffee für sie beide vorbereiten. Sie heftet einen Zettel außen an die Tür mit der Aufschrift: „Bitte nicht stören", damit auch ihre Kolleginnen wissen, dass der Raum zur Zeit besetzt ist.

Vorbereitung der Erzieherin auf das Gespräch: Die Erzieherin geht vor dem Gespräch in Gedanken noch einmal gründlich durch, was sie alles über Markus weiß.

> Nach den von ihr gemachten Beobachtungen versteht er sich gut mit den anderen Kindern, wird von ihnen akzeptiert und ist auch beliebt. Sie hat einen guten Kontakt zu ihm. Er ist freundlich und hilfsbereit. Sie erinnert sich an einige Male, wo er von selbst in die Küche ging, um für andere Kinder noch fehlende Teller zu holen. Auch hilft er beim Anziehen kleinerer Kinder. Er war so gut wie noch nie in Streitigkeiten mit anderen Kindern verwickelt. Bei drohenden Auseinandersetzungen zieht er sich eher zurück. Im Stuhlkreis hat er keine Hemmungen zu erzählen. Oft sitzt er neben ihr und möchte ihr ganz persönlich etwas sagen. Er ist selbstständig und zeigt ihrer Erinnerung nach ein gutes Arbeitsverhalten. Er arbeitet konzentriert und bleibt bei der Sache. Als sie dies alles noch einmal durchdenkt, wundert sie sich ein wenig über die Unsicherheit von Frau S. bei der Frage der Einschulung, weil sie hier eigentlich keine Probleme gesehen hat. Ihr erschien es bis dahin selbstverständlich, dass Markus eingeschult würde.

Sie holt ihre Aufzeichnungen und liest noch einmal durch, was sie sich aufgeschrieben hat. Es gibt von Markus fünf Protokolle, darunter vier, die sie an verschiedenen schon weiter zurückliegenden Tagen angefertigt hat. Ihre letzte gezielte Beobachtung liegt allerdings erst zwei Tage zurück. Sie hat sie vorgenommen, als sie schon wusste, dass Markus Mutter zu einem Gespräch kommen würde. Was weiß sie über Markus?

Verbalprotokoll vom 11. November 1997, 8.30 – 9.00 Uhr.
(Die Erzieherin beobachtete eine halbe Stunde lang Markus' Verhalten und notierte alles, was sie wahrnimmt):

Markus sitzt in der Bauecke und baut einen Turm. Er schaut nur auf seine Klötzchen und auf seinen Turm. Er sitzt etwas abseits von anderen Kindern und streckt oft schützend seine Arme aus, um einen Raum für sich zu haben. Als sein Turm fertig ist, macht er ein sehr zufriedenes Gesicht und schaut zu mir (zur Erzieherin) hinüber. Ich lächele ihn an, nicke und sage: „Das hast du gut gemacht". Markus freut sich, steht auf und schaut nun, was die anderen Kinder machen. Er guckt zunächst zu, nimmt dann ab und zu ein Klötzchen und hilft mit, andere Bauwerke zu vollenden. Als ein anderes Kind aus Versehen an seinen Turm stößt und dieser zusammenfällt, ruft Markus „Oh", reagiert aber nicht weiter, denn er ist nun mit einem anderen Bauwerk beschäftigt.

Protokoll vom 23. Januar 1998, 12.30–13.00. Rating: Sprache

Sprache/sprachlicher Ausdruck/Sprachverständnis	häufig	wenig	Selten
spricht spontan	x		
antwortet, wenn er gefragt wird	x		
spricht deutlich	x		
spricht grammatisch richtig	x		
spricht andere Kinder von sich aus an		x	
redet frei heraus		x	
erzählt im Stuhlkreis		x	

Protokoll vom 10. März, 15.00–15.30 Uhr und 14. April 1998. Ereignisstichprobe, 10.00–10.30 Uhr: Aggressives Verhalten

Aggressives Verhalten (Schlagen, Wegnehmen, Schubsen, Stoßen, Spucken, Beschimpfen)	kein einziges Mal

Protokoll vom 22.9.1999. Rating „Arbeitsverhalten" (nach dem Beobachtungsbogen von Duhm und Althaus 1980). Es wurde ein Kategoriensystem von 1 bis 5 verwendet (sehr selten; manchmal; teils; teils; oft; sehr oft)

versteht die Anweisungen richtig	4
beginnt schnell mit der Aufgabe	5
ist geschickt im Umgang mit dem Material	3
arbeitet sorgfältig	4

arbeitet zügig	4
führt die Aufgabe selbstständig durch	5
beendet seine Aufgabe	3
hilft anderen	4
versteht die Aufgabe nur langsam	1
zögert den Aufgabenbeginn heraus	2
braucht Hilfen von der Erzieherin	1
ahmt die Lösungen anderer Kinder nach	2
hört auf bei Schwierigkeiten	3
will gelobt und ermuntert werden, damit er weiter arbeitet	1
muss ermahnt werden, die Aufgaben zu beenden	1

Nachdem die Erzieherin ihre Aufzeichnungen noch einmal durchgegangen ist und auch hier keine Hinweise auf bestehende Probleme oder Auffälligkeiten gesehen hat, geht sie mit einer offenen und neugierigen Grundhaltung in das Gespräch mit Markus' Mutter. Sie ist gespannt darauf, was diese auf dem Herzen hat.

Gespräch mit Markus' Mutter

Erzieherin: Guten Tag Frau S., schön, dass Sie gekommen sind. Bitte setzen Sie sich. Möchten Sie eine Tasse Kaffee?
Frau S.: Ja, danke, gern.
E.: Sie sagten, es ginge um die bevorstehende Einschulung?
Fr. S.: Ja, darüber wollte ich gerne mit Ihnen sprechen. Ich bin mir nicht sicher, ob ich Markus einschulen soll.

E.: Was macht Sie denn unsicher?

Fr. S.: Ich weiß nicht, er ist doch noch so jung.

E.: Ja, das stimmt, er ist erst fünf Jahre alt. Glauben Sie, dass er die Schule noch nicht verkraftet?

Fr. S.: Ja, das denke ich manchmal.

E.: Und was bringt Sie auf diesen Gedanken?

Fr. S.: Wissen Sie, Markus spielt noch so gern, außerdem hängt er so an seiner Schwester und auch an meiner Mutter.

E.: Ja, das bemerke ich auch manchmal. Er schaut des öfteren in die andere Gruppe zu seiner Schwester und er erzählt auch viel von zu Hause.

Fr. S.: Ich bin ja berufstätig und mache mir so viele Gedanken, wie er zurechtkommen wird, mit den Hausaufgaben und so.

E.: Befürchten Sie, dass er das nicht alleine schaffen wird?

Fr. S.: Ja, meine Mutter wird ihm nicht viel dabei helfen können, sie ist ja schon etwas älter.

E.: Und Markus selbst? Wie denkt er über die Schule?

Fr. S.: Das weiß ich eben nicht.

E.: Möchten Sie, dass ich Ihnen ein wenig berichte, wie er sich hier im Kindergarten verhält?

Fr. S.: Oh, ja, das würde mir vielleicht weiterhelfen.

E.: Mein Eindruck von Markus ist, dass er sich gut in die Kindergartengruppe eingefunden hat. Er spielt z. B. sehr gern mit Oliver und auch mit Lydia, die etwas jünger ist als er, ich glaube, im Alter seiner Schwester. Er spielt ausdauernd und konzentriert. Auch bei Arbeiten am Tisch, beim Basteln und Malen zeigt er großes Interesse und die Bereitschaft, seine Arbeiten zu Ende zu bringen. Er nimmt sich auch sehr gerne Bilderbücher und guckt sie sich an.

Fr. S.: Oh, ja, das freut mich zu hören, ich lese ihm nämlich viel vor, vor allen Dingen abends.

E.: Das ist schön, das merkt man ganz deutlich, denn Markus hat ein gutes Ausdrucksvermögen und ein sehr gutes Sprachverständnis. In diesem Punkt brauchen Sie sich also keine Sorgen zu machen. Wenn Sie noch einmal überdenken, was ich Ihnen gerade über Markus berichtet habe, beruhigt Sie das jetzt etwas?

Fr. S.: Ja, doch, auf jeden Fall. Das hätte ich so nicht gedacht. Vor allen das mit der Selbstständigkeit, das beruhigt mich.

E.: Ich könnte mir vorstellen, dass Markus keine Schwierigkeiten haben wird, seine Hausaufgaben nachmittags alleine zu machen. Auch wenn Ihre Mutter nicht helfen kann, sie ist ja anwesend und das ist das Wichtigste. Könnten Sie sich vorstellen, die Hausaufgaben nachzusehen, wenn Sie nach Hause kommen?

Fr. S.: Ja, das könnte ich auf jeden Fall tun.

E.: In manchen Schulen gibt es ja auch eine Betreuung der Hausaufgaben. Wissen Sie schon, ob es so etwas an Markus' zukünftiger Schule geben wird?

Fr. S.: Nein, aber da könnte ich mich natürlich erkundigen.

E.: Wie wäre es, wenn Markus an einer Hausaufgabenbetreuung teilnähme?

Fr. S.: Das wäre bestimmt gut. Aber kostet das etwas?

E.: Da bin ich mir nicht sicher. Manche Schulen nehmen einen geringfügigen Beitrag, aber in manchen Schulen kostet es nichts.

Fr. S.: Gut, da werde ich mich informieren. Sie meinen also, ich sollte Markus zur Schule gehen lassen und ihn nicht für den Schulkindergarten anmelden?

E.: Wissen Sie, welches die Ziele des Schulkindergartens sind?

Fr. S.: Ich denke, er ist für Kinder da, die noch zu jung sind.

E.: Ist Markus denn zu jung für die Schule?

Fr. S.: Er wird im April sechs Jahre alt.

E.: Damit ist er schulpflichtig und hat genau das richtige Alter, um zur Schule zu gehen. Der Schulkindergarten ist für Kinder da, die zwar schulpflichtig sind, aber noch nicht schulfähig.

Fr. S.: Ah, ja, ich verstehe. Wenn ich daran denke, was Sie vorhin gesagt haben, dann ist Markus schulfähig?

E.: Ja, genau so würde ich das sehen. Nach meiner Meinung ist Markus schulfähig. Ich sehe nichts, was gegen eine Einschulung spräche, es sei denn, Sie sind noch beunruhigt wegen der Nachmittagssituation.

Fr. S.: Nein, da bin ich jetzt eigentlich gelassener.

E.: Auf jeden Fall treffen Sie die Entscheidung, und es ist Ihr gutes Recht als Mutter zu beantragen, dass Markus in den Schulkindergarten geht. Aber wir sollten noch einmal überlegen, ob dies für Markus der richtige Weg ist.

Fr. S.: Ja, was meinen Sie denn, Sie kennen Markus doch auch gut.

E.: Ja, ich kenne ihn gut. Markus ist jetzt seit fast zwei Jahren bei mir in der Gruppe, ich habe sein Verhalten gut beobachten können und mir auch mehrere Notizen über ihn gemacht. Soll ich sie mal vorlesen?

Fr. S.: Ja, das wäre interessant für mich.

E.: Ich habe am 11. November 1997 Markus ca. eine halbe Stunde beim Spielen beobachtet und folgendes notiert (*Sie liest vor*). Daraus entnehme ich, dass Markus sehr gut alleine spielen kann, sich aber auch kooperativ gegenüber anderen verhält und dass seine Toleranzschwelle groß ist, denn andere Kinder werden z. B. wütend, wenn ihnen etwas kaputtgemacht wird.

Am 23. Januar 1998 habe ich speziell auf sein Sprachverhalten geachtet und mir folgende Aufzeichnungen gemacht (*sie zeigt sie*). Am 10. März und am 14. April 1998 habe ich versucht festzustellen, wie oft er sich innerhalb eines bestimmten Zeitraumes aggressiv verhält, und ich habe beobachtet, dass dies kein einiges Mal geschah. Mir ist auch kein wesentlicher Streit in Erinnerung, in den Markus verwickelt gewesen wäre.

Am 22. September 1999 habe ich noch einmal besonders sein Arbeitsverhalten beobachtet. Dabei habe ich festgestellt, dass er die Anweisungen richtig versteht und auch befolgt, dass er zügig und selbstständig arbeitet, hilfsbereit ist und selbst wenig Hilfen von mir benötigt. Gerade dieser letzte Punkt könnte Sie, Frau S., doch noch einmal beruhigen, oder?

Fr. S.: Ja, das hört sich eigentlich ganz gut an. Ich glaube, ich schule Markus nun doch ein. Ich danke Ihnen ganz herzlich für das Gespräch.

E.: Ich danke auch, dass Sie gekommen sind und mit mir über Ihre Sorgen gesprochen haben. Bis zur Einschulung sind ja noch einige Monate Zeit. Wir können noch einmal am Ende der Kindergartenzeit miteinander sprechen, wenn Sie möchten.

Fr. S.: Ja, das ist eine gute Idee. Ich danke Ihnen. Auf Wiedersehen.

E.: Auf Wiedersehen, Frau S.

Dieses Gespräch wurde auf der Grundlage der kooperativen Gesprächsführung geführt. Die Erzieherin war offen für das Anliegen der Mutter und ist darauf eingegangen. Die Sorgen der Mutter bezogen sich hauptsächlich auf die Hausaufgabensituation und hingen mit ihrer Berufstätigkeit und der häuslichen Situation zusammen. Dies hat die Erzieherin im Gespräch aufgegriffen und die Sorgen der Mutter ernst genommen. Wenn sie sofort das Gespräch mit einer Schilderung von Markus' Fähigkeiten begonnen hätte, hätte die Mutter vielleicht ihre Befürchtungen nicht geäußert. Das Gespräch mit einer Frage nach dem Gesprächsgegenstand zu beginnen, ist sehr günstig. So hat sich die Erzieherin gleich zu Beginn vergewissert, dass es um die bevorstehende Einschulung geht. Sie hat dann sofort das Gefühl der Unsicherheit, das die Mutter verbalisiert hat, aufgegriffen und danach gefragt, was sie denn verunsichere. Die Erzieherin hat konstruktive Vorschläge gemacht, die die Mutter annehmen konnte und die ihr neue Perspektiven eröffnet haben. Als die Mutter gegen Ende des Gesprächs die Alternative Schulkindergarten ins Gespräch brachte, hat die Erzieherin diesen Gedanken sachlich aufgegriffen und die Ziele des Schulkindergartens genannt, nämlich Kinder zur Schulfähigkeit hinzuführen. Gleichzeitig hat sie die Fähigkeiten von Markus noch einmal betont und Stellung bezogen, dass nach ihrer Meinung nichts gegen seine Einschulung spräche. Sie hat der Mutter sämtliche Aufzeichnungen gezeigt und alle Beobachtungsergebnisse mitgeteilt, um ihren Standpunkt noch einmal zu untermauern. Das hat die Mutter überzeugt. Die Erzieherin hat die Mutter nicht überredet, sondern im Gegenteil an ihre freie Entscheidung, aber auch Verantwortung appelliert. Zu guter Letzt hat die Erzieherin ein weiteres Gesprächsangebot gemacht, worüber Frau S. sehr froh war. Damit ist dieses Gespräch zur vollen Zufriedenheit beider Gesprächspartner verlaufen und konnte in Übereinstimmung beider beendet werden.

Zweites Gesprächsbeispiel:

Nicht immer läuft ein Gespräch im Konsens ab. Es ist auch nicht das Ziel eines Beratungsgesprächs, Übereinstimmung in den Meinungen zu erzielen, sondern verschiedene Meinungen im Gespräch miteinander auszutauschen und so Gelegenheit zum Umdenken zu geben. Häufig geschieht es, dass Eltern die feste Absicht haben, ihr Kind einzuschulen und von sich aus nicht auf den Gedanken kommen, darüber mit der Erzieherin zu sprechen. Sie kommen dann manchmal mit Erstaunen und auch Skepsis zum Gespräch, zu dem sie von der Erzieherin gebeten worden sind. Sie kommen mit der Grundeinstellung: „Ich will, dass mein Kind eingeschult wird, spricht etwa etwas dagegen?" Um das folgende Gespräch hatte Frau H. nicht gebeten, aber sie war bereit, mit der Erzieherin zu sprechen, als diese sie darauf ansprach.

Es geht um Lars, der der Erzieherin schon seit längerem aufgefallen war, und des öfteren hatte sie schon Frau H. um ein Gespräch gebeten, aber diese hatte bislang nie Zeit dafür gehabt. Jetzt kommt endlich ein Gespräch zustande. Wieder bereitet sich die Erzieherin gedanklich darauf vor und trifft alle notwendigen äußeren und inneren Vorbereitungen. Sie richtet den Raum her, in dem das Gespräch geführt werden soll, liest ihre Notizen und Protokolle noch einmal durch und befragt auch noch einmal ihre Kolleginnen nach deren Eindruck. Bislang ist ihr Lars als sehr wild und ungezügelt aufgefallen. Er ist ein kräftiger Junge, größer als alle anderen und häufig in Streitigkeiten und auch Prügeleien verwickelt. Er kann sich nur sehr schwer an Regeln halten, schiebt die Schuld oft auf andere und hat immer eine Ausrede parat. Er interessiert sich fast ausschließlich für das Spielen draußen auf der Spielwiese, rennt dort allerdings häufig nur ziellos herum und ist nur sehr schwer zum Basteln und Malen am Tisch zu motivieren. Feinmotorisch ist er ausgesprochen ungeübt, seine Stifthaltung ungelenk. Er bleibt nie länger als fünf Minuten am Tisch sitzen, bringt seine Aufgaben nicht zu Ende und widersetzt sich den Vorschlägen oder auch Anweisungen der Erzieherinnen. Die Erzieherin ist sehr skeptisch, was seine Schulfähigkeit anbetrifft.

Gespräch mit Frau H.:

Erzieherin: Guten Tag, Frau H. Ich freue mich, dass wir heute die Gelegenheit haben, miteinander zu sprechen. Ich glaube, es war etwas schwierig für Sie, Zeit zu finden?
Frau H.: Das kann man wohl sagen! Sie haben ja auch mächtig gedrängelt!
E.: Es ist mir wichtig, mit Ihnen über Lars zu sprechen, denn es naht ja sein Einschulungstermin.

Fr. H.: Ja, endlich kommt er zur Schule. Da wird man ihm schon beibringen, wie er sich zu verhalten hat!

E.: Haben Sie das Gefühl, dass uns das nicht so recht gelungen ist?

Fr. H.: Na ja, immer kommt er mit kaputten Knien nach Hause und mit total beschmutzter Hose.

E.: Ja, er fällt sehr oft hin, das ist mir auch schon aufgefallen. Er stolpert beinahe über alles, was auf dem Boden liegt.

Fr. H.: Ja, ich sag ihm immer: „Heb doch deine Beine hoch"! Aber er weiß ja alles besser!

E.: Haben Sie schon einmal daran gedacht, dass mit seinem Gleichgewichtsempfinden und seiner Körperkoordination etwas nicht in Ordnung ist?

Fr. H.: Wieso? Was soll denn da nicht in Ordnung sein?

E.: Mir ist aufgefallen, dass er auch in den Innenräumen sehr häufig gegen Tische stößt, über Klötzchen fällt, die am Boden liegen, dass er andere Kinder anrempelt. Passiert das zu Hause auch schon mal?

Fr. H.: Tja, wenn Sie das so sagen, das stimmt. Es kommt sehr oft zu Streitigkeiten mit seinen kleineren Brüdern, die er schubst, und die sich beschweren, dass er ihnen alles kaputtmacht.

E.: Haben Sie den Eindruck, dass er das mit Absicht macht?

Fr. H.: Nee, eigentlich nicht, er ist so schusselig.

E.: Ja, so könnte man denken. Ich kenne jedoch einige Kinder, die als „schusselig" bezeichnet werden, die aber nicht anders können, als dauernd hinzufallen, sich zu stoßen usw. Ich habe bei ihnen eine kinderärztliche Untersuchung empfohlen und zwei von ihnen erhalten nun eine ergotherapeutische Behandlung, die ihnen sehr guttut. Könnte das vielleicht auch etwas für Lars sein?

Fr. H.: Ja, das wäre möglich. So habe ich es noch nicht gesehen. Aber zur Schule kommt er auf jeden Fall!

E.: Darüber wollte ich mit Ihnen auch noch sprechen. Möchten Sie meine Meinung dazu hören?

Fr. H.: Ja, anhören kann ich Sie ja mal!

E.: Frau H., verstehen Sie mich nicht falsch, Sie treffen als Mutter gemeinsam mit Ihrem Mann auf jeden Fall die Entscheidung, Lars in der Schule anzumelden oder nicht. Meine Aufgabe ist es, Sie zu beraten und Ihnen alle Informationen zu geben, die ich habe. Dazu bin ich als Erzieherin verpflichtet. Ich habe Lars mehrmals gezielt beobachtet und mir auch einige Notizen gemacht. Ich habe bemerkt, dass er nur selten länger als fünf Minuten am Tisch sitzt, dass seine einzige Vorliebe darin besteht, draußen wie wild herumzulaufen, oft sehr ungezielt und wild. Das haben wir ja schon besprochen. Was mich auch noch beunruhigt, ist, dass er nicht gut zuhören kann, an Geschichten kaum interessiert ist und auch nur selten in zusammenhängenden Sätzen spricht. Haben Sie sich schon einmal darüber Gedanken gemacht, wo er noch besser gefördert werden könnte?

Fr. H.: Ja, ich denke, hier im Kindergarten wird er gefördert.

E.: Da kann ich Ihnen nur zustimmen. Aber manche Kinder brauchen eventuell mehr Förderung als andere. Haben Sie schon einmal etwas von einer schulpsychologischen Beratungsstelle gehört?

Fr. H.: Um Gottes willen, nicht zum Psychologen!

E.: Kennen Sie die Aufgaben eines Schulpsychologen?

Fr. H.: Da geht man hin mit schwierigen Kindern.

E.: Ja, aber nicht nur. Schulpsychologen untersuchen Ihr Kind sehr gründlich auf Schulfähigkeit und empfehlen Ihnen Fördermöglichkeiten, z. B. den Schulkindergarten, wenn dies nötig ist.

Fr. H.: Was ist das denn?

E.: Im Schulkindergarten werden Kinder gefördert, die wie Lars zwar schulpflichtig sind, aber in einigen Bereichen Ent-

wicklungsverzögerungen aufweisen, so wie Lars im sprachlichen, motorischen und auch sozialen Bereich. Könnten Sie
sich vorstellen, die Frage einmal gründlicher, als ich es kann,
abklären zu lassen?
Fr. H.: Ja, abklären kann ich es ja lassen, aber mein Sohn
kommt doch zur Schule!
E.: Das bleibt Ihrer Entscheidung und Verantwortung überlassen. Meine Aufgabe habe ich darin gesehen, Sie nach bes-
tem Wissen zu informieren.
Fr. H.: Ja, das haben Sie getan. Ich werde das noch mit meinem Mann besprechen. Ich danke Ihnen.
E.: Und ich danke Ihnen für das Gespräch. Falls Sie noch
einmal mit mir sprechen möchten, rufen Sie mich an.

Ob die Erzieherin in diesem Gespräch die Mutter inhaltlich erreicht hat und ob diese nicht von vornherein in ihrer Ansicht,
Lars zur Schule zu schicken, festgelegt war, kann nicht genau
gesagt werden. Es liegt auch nicht in der Macht der Erzieherin
zu erreichen, dass die Mutter die kinderärztliche und die schulpsychologische Untersuchung auch wirklich in Anspruch
nimmt. Sie kann nur eine Empfehlung aussprechen, mehr
nicht. Den versteckten Vorwurf der Mutter zu Beginn des Gesprächs hat sie geschickt übergangen und die Sachebene aufgegriffen. Das Stolpern und Hinfallen des Kindes könnte auf
eine grobmotorische Störung hinweisen, die vom Kinderarzt
und eventuell von einem dann noch zu konsultierenden Ortho-
päden genauer untersucht werden sollte. Auch hier kann die Erzieherin nur Empfehlungen aussprechen und Hinweise auf
mögliche unterstützende Einrichtungen geben, wie sie es dann
auch mit der Bemerkung „schulpsychologische Beratungsstelle"
getan hat. Hier stieß sie zunächst auf Ablehnung aufgrund von
Vorurteilen und mangelnder Information. Die Erzieherin kann
Frau H. natürlich nicht dazu bringen, die Beratungsstelle auf-

zusuchen, aber sie hat diese Möglichkeit als weiteres Hilfsangebot ins Gespräch gebracht. Sie hat ebenfalls schon einmal die Idee des Schulkindergartens ausgesprochen und die Mutter dafür gedanklich sensibilisiert. Die Erzieherin kann sich vor Gefühlen des Frustes und der Enttäuschung schützen, indem sie sich immer wieder sagt, dass sie nur informieren und beraten kann, dass aber die Entscheidung darüber, wie letzten Endes gehandelt wird, den Eltern überlassen ist.

Die Erzieherin hat die schulpsychologische Beratungsstelle erwähnt, auf die Frau H. nicht so recht eingehen wollte. Zum Aufgabenbereich schulpsychologischer Beratungsstellen gehört u. a. auch die Überprüfung der Schulfähigkeit eines Kindes und die Beratung der Eltern.

7 Die schulpsychologische Beratungsstelle

Wenn sowohl Erzieherinnen als auch Eltern in der Frage der Einschulung unsicher sind und zusätzliche Hilfe und Unterstützung zur Entscheidung brauchen, dann sollte das Kind in einer schulpsychologischen Beratungsstelle angemeldet werden. Dies ist auch dann sinnvoll, wenn es keine Übereinstimmung zwischen Eltern und Schule bei der Schulanmeldung gibt, z. B. wenn Eltern ihr Kind gerne frühzeitig einschulen lassen möchten, aber sich die Schulleiterin bzw. der Schulleiter selbst nicht sicher ist, ob das Kind schulfähig ist. Ähnlich wie Erzieherinnen haben jedoch auch Schulpsychologinnen und Schulpsychologen nur die Möglichkeit, Empfehlungen auszusprechen. Auch nach einer schulpsychologischen Beratung trifft der Schulleiter bzw. die Schulleiterin der aufzunehmenden Schule die Entscheidung, allerdings stützen sie sich dabei erfahrungsgemäß in den meisten Fällen auf das schulpsychologische Gutachten.

7.1 Die schulpsychologische Beratung

Die Anmeldung in der schulpsychologischen Beratungsstelle muss von den Eltern des Kindes vorgenommen werden. Die Sekretärin nimmt das erste Telefongespräch entgegen und notiert den Beratungswunsch der Eltern sowie deren Adresse, Telefonnummer und den Namen und das Geburtsdatum des Kindes. Einige Tage später meldet sich dann die Beraterin oder der Berater telefonisch bei der Familie, um einen Termin vorzuschlagen. Da Beratungsstellen sehr häufig in Anspruch genommen werden, kann der erste Beratungstermin Wochen, manchmal auch Monate später liegen, so dass in jedem Fall eine rechtzeitige Anmeldung vor dem Einschulungstermin erforderlich ist.

Das Erstgespräch mit Eltern und Kind

Das erste Beratungsgespräch findet in den meisten Fällen gemeinsam mit den Eltern bzw. Vater oder Mutter und dem Kind statt. Die Beraterin/der Berater macht sich ein Bild über die bisherige Entwicklung des Kindes, fragt nach Schwangerschafts- und Geburtsverlauf, nach dem Verlauf der ersten Lebensmonate, nach Entwicklungsfortschritten wie Krabbeln, Sitzen, Stehen, Laufen und Sprechen sowie nach dem emotionalen und sozialen Verhalten im Kindergarten bzw. Hort. Das Kind wird mit in das Gespräch einbezogen, nach Geschwistern und seinen Lieblingsbeschäftigungen gefragt, nach Freunden und dem Namen seiner Erzieherin. Dabei gewinnt der Berater/die Beraterin erste Eindrücke vom Sprachverhalten des Kindes, seiner Zugewandtheit, seiner Bereitschaft, mit einem fremden Menschen in Kontakt zu treten sowie von der Art seiner Interaktion mit den Eltern. Wie verhält sich das Kind während des Gesprächs? Ist es schüchtern, gehemmt, neugierig oder offen? Bewegt es sich im Zimmer oder sitzt es auf dem Schoß der Mutter, nimmt es Blickkontakt auf, ist es bereit zu spielen und kleine Aufgaben zu erfüllen?

Erfahrungsgemäß verhalten sich Kinder zunächst zurückhaltend, tauen dann jedoch im weiteren Gespräch zusehends auf und nehmen Kontakt mit der Beraterin/dem Berater auf. Eine kritische Situation besteht für manche Kinder darin, nach dem anfänglichen gemeinsamen Gespräch mit der Beraterin/dem Berater allein zu bleiben und mit ihr/ihm zu „arbeiten", d. h. zu zeigen, was es schon alles kann und die Eltern ins Wartezim-

mer gehen zu lassen. Aber diese Hürde nehmen die meisten
Kinder nach anfänglicher Unsicherheit.

Testverfahren zur Schuleingangsdiagnostik

Auf dem Gebiet der Schuleingangsdiagnostik hat sich in den
letzten Jahrzehnten ein Wandel vollzogen. Parallel zu dem veränderten Schulfähigkeitskonzept (s. Kap. 1) wurden Tests entwickelt, die nicht mehr zu einer globalen Entscheidung über
„schulfähig" oder „nicht schulfähig" führen und auch nicht
mehr nur die visuelle Gliederungsfähigkeit überprüfen, sondern
die „mehrdimensional" angelegt sind, d. h. unterschiedliche Fähigkeiten und Fertigkeiten überprüfen und die Frage beantworten, ob die Wahrscheinlichkeit gegeben ist, dass ein Kind erfolgreich in der ersten Klasse mitarbeiten kann. Nicht „Selektion",
also Ausschluss von der Schule, sondern „Klassifikation", also
Hinweise zur Förderung sind gefragt. Der Unterschied zwischen
„traditionellen Schulreifetests" und neueren Verfahren zur Beurteilung der Schulfähigkeit ist grundsätzlicher Art und basiert
auf einem veränderten theoretischen Hintergrund: Nach dem
Konzept der endogenen Entfaltung bzw. der reifungsbedingten
Entwicklungsschübe wurden Kinder vielfach vom Schulbeginn
ausgeschlossen und auf ein weiteres Jahr Kindergarten „vertrös-
tet", in der Überzeugung, dass sich dann die fehlenden Entwicklungsfortschritte von selbst einstellen würden. Nach dem
Konzept neuerer Schuleingangstests wird das Ergebnis eines
Verfahrens in eine Abfolge mehrerer Überlegungen eingebettet,
deren letzter Schritt die Abwägung darstellt, wo und wie das
Kind am besten gefördert werden kann. Gibt ein Test Anlass
zu Bedenken bei der Einschulungsentscheidung, werden Hypo-
thesen gebildet über die Ursachen der Schwächen und es wird
abgewogen und entschieden, was genau gefördert werden kann
und wo dies geschehen sollte. Nur in den seltensten Fällen soll

ein schulpflichtiges Kind vom Schulbesuch ausgeschlossen und für ein weiteres Jahr im Kindergarten verbleiben. Schulfähigkeitstests sind keine „Aufnahmeprüfungen für die erste Klasse", sondern sie sollen helfen, jedes Kind zu einem individuellen und für ihn passenden Zeitpunkt in diejenige Anfangsklasse zu bringen, in der es am besten und seinem Lernvermögen gemäß gefördert werden kann.

Neue Wege in der Förderdiagnostik gehen das Mannheimer Schuleingangsdiagnostikum (MSD) (Jäger u. a. 1982) und das Kieler Einschulungsverfahren (KE) (Fröse u. a. 1986). Beiden Verfahren liegt zwar der Gedanke der individuellen Lernvoraussetzungen des Kindes und des spezifischen Förderangebots der Schule zugrunde, sie werden jedoch zu unterschiedlichen Zeitpunkten eingesetzt: Das Mannheimer Schuleingangsdiagnostikum in den ersten sechs Wochen *nach* Schulbeginn, das Kieler Einschulungsverfahren *vor* Schulbeginn. Sie verfolgen damit unterschiedliche Intentionen. Das MSD ist ein Förderdiagnostikum, d. h. es will Stärken und Schwächen eines *Schulkindes zu Beginn der ersten Klasse* (nach den ersten vier Wochen Unterricht) aufzeigen und Entscheidungshilfen für pädagogische Maßnahmen bieten. Schulpsychologen wenden das MSD überwiegend bei früh einzuschulenden Kindern an, da es auch in der Frage der Schulfähigkeit eine gute Entscheidungshilfe bietet. Das KE ist ein Einschulungsverfahren im engeren Sinne und will *noch vor Beginn der Schule* die Fähigkeiten von Kindern erfassen. Da in vielen Bundesländern eine generelle Überprüfung der Schulfähigkeit durch Tests *vor* der Schule jedoch nicht vorgesehen ist, wird das KE in Nordrhein-Westfalen von Erstklasslehrerinnen und -lehrern und auch von Schulleiterinnen und Schulleitern nur *bei früh einzuschulenden* Kindern angewandt. Die Bedeutung des Kieler Einschulungsverfahrens liegt in seiner breiten Erfassung verschiedenster Fähigkeitsmerkmale, ein Charakteristikum, das kein anderes Schuleingangsverfahren in diesem Ausmaß aufweist. Es liefert Informationen über das emotionale, motivationale, soziale und sprachliche Verhalten des Kindes sowie über seine kognitiven Fähigkeiten. Das KE besteht aus drei Teilen, dem „Elterngespräch", dem „Unterrichtsspiel" und der „Einzeluntersuchung". Alle drei Teile können individuell und variabel eingesetzt sowie beliebig miteinander kombiniert werden.

Auf der Grundlage aller Informationen, die die Beraterinnen bzw. Berater einer schulpsychologischen Beratungsstelle im Erstgespräch erhalten und die sie während der diagnostischen Untersuchung gewonnen haben, wird das Abschlussgespräch durchgeführt. Eine Kontaktaufnahme mit den Erzieherinnen des Kindergartens ist in jedem Fall wünschenswert und wird stets dann vorgenommen, wenn die Eltern ihr Einverständnis dafür geben. Grundsätzlich unterliegt jede schulpsychologische Beratung der Schweigepflicht. Der Eindruck der Erzieherinnen kann von großer Bedeutung sein, rundet er doch nicht nur das Gesamtbild ab, sondern liefert zudem weitere Informationen, die die Beraterin/der Berater in der Einzelsituation nicht gewinnen konnte. Manchmal verschweigen Eltern Besonderheiten des Kindes, da sie fürchten, diese könnten gegen eine Einschulung sprechen oder aber sie übertreiben in ihrer Schilderung positive Eigenschaften des Kindes. In besonderen Fragestellungen machen sich die Berater selbst ein Bild über das Verhalten des Kindes, indem sie im Kindergarten hospitieren und dann die Gelegenheit zu einem persönlichen Gespräch mit der Erzieherin nutzen.

7.2 Die Frage der frühzeitigen Einschulung am Beispiel von Eva

Eva M. wird in der schulpsychologischen Beratungsstelle von der Mutter mit der Fragestellung der frühzeitigen Einschulung angemeldet. Eva ist zu diesem Zeitpunkt erst fünf Jahre und zwei Monate alt. Sie würde am 30. Juni, dem allgemeinen Stichtag für das Einschulungsalter, und auch in den nachfolgenden vier Monaten das sechste Lebensjahr noch nicht vollendet haben, so dass geprüft werden muss, ob sie die Voraussetzungen für einen sehr frühzeitigen Schulbesuch erfüllt (s. Kap. 3). Zu Beginn der Beratung lässt sich die Schulpsychologin von Frau M. die Entbindung von der Schweigepflicht gegenüber der Erzieherin im Kindergarten und der in Frage kommenden Grundschule geben.

Im Erstgespräch mit der Mutter und Eva wird deutlich, dass Eva sich im Kindergarten, den sie seit zweieinhalb Jahren besucht, außerordentlich lernbegierig zeigt, sich dort nicht nur Bilderbücher anschaut, sondern schon versucht, anderen Kindern kleine Geschichten daraus „vorzulesen" bzw. die Bilder zu kommentieren. Von ihrem größeren Bruder erhält sie zu Hause kleine Rechenaufgaben, die sie dann mit seiner Hilfe löst. Sie fragt sehr viel und ist gern mit Erwachsenen zusammen. Eva erhält seit kurzem Klavierunterricht, ihre Lehrerin hält sie für sehr begabt. Evas Vater ist Fernfahrer und beteiligt sich nur selten an der Erziehung der Kinder.

Während Frau M. spricht, hält sich Eva auffallend zurück, antwortet jedoch bereitwillig auf die Fragen der Beraterin. Sie „liest" und „schreibt", wie sie sagt, und hält sich nachmittags gerne bei der Tante, einer jüngeren Schwester ihrer Mutter, auf. Eva ist klein und zierlich, trägt eine Brille, an der sie von Zeit zu Zeit nervös herumzupft. Ihr steht in Kürze eine Augenoperation bevor, da ihre Augen eine Schielstellung aufweisen.

Evas Mutter sieht dieser Operation zuversichtlich entgegen. Sie meint, dass damit Evas Kopfschmerzen, über die sie dann und wann klagt, verschwinden würden und sie dann eventuell auch noch besser lesen könnte. Erst auf Nachfragen erzählt sie, dass Eva in psychomotorischer Übungsbehandlung ist, dass den Erzieherinnen leichte motorische Störungen aufgefallen seien und dass sie ihrem Drängen nachgegeben und Eva einer Krankengymnastin vorgestellt habe. Es seien schon große Fortschritte erreicht worden. Eva sei drei Wochen früher als errechnet geboren, worüber sie, die Mutter, eigentlich ganz froh gewesen wäre, denn die Schwangerschaft sei ihr in den letzten Wochen sehr schwer gefallen. Allerdings habe Eva mit der Saugglocke geholt werden müssen und sie habe noch kurz nach der Geburt schlecht geatmet. Frau M. ist Ökotrophologin und freiberuflich tätig. Sie sei in ihren Arbeitszeiten sehr flexibel, allerdings komme es doch manchmal vor, dass sie plötzlich wegmüsse. Doch dann könne sie Eva ja schnell zu ihrer Schwester bringen. Sie sähe schon gerne, dass Eva zur Schule komme, dann könne sie auch über ihre Vormittagstermine frei verfügen.

Eva zeigt sich in der Testsituation interessiert. Auf Fragen der Schulpsychologin antwortet sie ausschweifend und stellt ihr Wissen gerne zur Schau. Im Hamburg-Wechsler-Intelligenztest für das Vorschulalter (HAWIVA), einem allgemeinen Begabungstest für vier bis sechsjährige Kinder, erreicht sie in den Untertests „Allgemeines Wissen", „Wortschatz" und „Allgemeines Verständnis" durchschnittliche, im Handlungsteil allerdings unterdurchschnittliche Werte, da sie ununterbrochen redet und dadurch sehr viel Zeit verliert. In den Zusatztests kommt sie einerseits zu besseren Ergebnissen („Rechnerisches Denken"), andererseits aber auch wieder zu schwächeren Ergebnissen („Visuomotorische Fähigkeiten). Es besteht kein einheitliches Profil. Im Mannheimer Schuleingangsdiagnostikum (MSD) zeigt sie ebenfalls sehr unterschiedliche Leistungen, in den Untertests „Motorik", „Logisches Denken", „Gliederungsfähigkeit" und „Gedächtnis", die nicht zeitgebunden sind, durchschnittliche Leistungen, jedoch in dem zeitgebundenen Untertest „Konzentration" wieder eher unterdurchschnittliche. Aus dem Kieler Einschulungsverfahren (KE) verwendet die Beraterin nur den dritten der insgesamt drei Teile, nämlich die „Einzeluntersuchung", die vor allem das logische Denken erfasst. Hier kommt Eva zu befriedigenden Ergebnissen.

Auffallend bei Eva ist ihre gute Redefähigkeit – verbunden mit der Schwäche, ihren Redefluss zügeln zu können, so dass sie bei Aufgaben mit Zeitbegrenzung schlechter abschneidet als bei Aufgaben ohne Zeitbegrenzung. Ein Telefonat mit Evas Erzieherin bestärkt diesen Eindruck und lässt den positiven Bericht von Frau M. über Evas kommunikative Fähigkeiten im Kindergarten, z. B. ihre „Vorlesetätigkeit", in einem etwas anderen Licht erscheinen. Nach Aussagen der Erzieherinnen drängt sich Eva den anderen Kindern geradezu auf und „liest" mit lauter Stimme „vor", auch wenn die Kinder gar nicht zuhören wollen. Häufige Kopfschmerzen, Müdigkeitsattacken waren der Erzieherin in der Vergangenheit aufgefallen, über die sie auch schon oft mit Evas Mutter gesprochen hat. Auf die frühzeitige Einschulung hin angesprochen, äußert sich Evas Erzieherin eindeutig abschlägig und wagt die Vermutung, dass die frühe Einschulung eher dem intensiven Wunschdenken der Mutter entspräche als Evas aktuellen Fähigkeiten.

Auf der Grundlage aller Beobachtungs-, Gesprächs- und auch Testergebnisse kommt die Beraterin zu dem Ergebnis, Frau M. von einer frühzeitigen Einschulung Evas abzuraten. Sie gibt ihre Beobachtungen über Evas Verhalten während der Testsituation wieder, zeigt die Ergebnisse auf und berichtet von ihrem Telefongespräch mit der Erzieherin. Insgesamt habe Eva sich zwar sehr bemüht gezeigt und auch deutlich zu verstehen gegeben, dass sie schon zur Schule gehen möchte, aber sie habe sich vor allem bei zeitbegrenzten Aufgaben unter Druck gesetzt und sich durch ihr vieles Reden immer wieder selbst abgelenkt. Dadurch habe sie viele Aufgaben nicht in der vorgegebenen Zeit gelöst. Ein Kind, das frühzeitig eingeschult werden soll, sollte – so die Erfahrung der Beraterin – in seinen Fähigkeiten über dem Durchschnitt seiner Altersgenossen liegen. Dies sei bei Eva nicht der Fall. Ihre Testleistungen seien sehr unterschiedlich und lägen teilweise im durchschnittlichen, teilweise im unterdurchschnittlichen Bereich.

Im Beratungsgespräch bringt Frau M. gegen jedes Argument der Schulpsychologin Einwände vor. Auch die bevorstehende Augenoperation in einer entfernten großen Stadt mit allen unvorhersehbaren eventuellen Folgeerscheinungen lassen bei ihr keine Bedenken aufkommen, ob eine frühzeitige Einschulung wirklich angebracht sei. Abgesehen von Evas Fähigkeiten schien der Beraterin das Drängen der Mutter auf Einschulung doch sehr stark zu sein und sie hatte den Eindruck, dass die Mutter die noch nicht abgeschlossenen krankengymnastischen Übungsbehandlungen sowie die bevorstehende Augen-Operation in ihrem Wunsch, Eva partout einzuschulen, nicht genügend berücksichtigte. Auch die bei Eva auftretenden Kopfschmerzen und die Müdigkeitsattacken waren eher Signale, Eva nicht zu früh mit schulischen Leistungsanforderungen zu konfrontieren. Da das Beratungsergebnis jeweils nur einer Empfehlung gleichkommt, muss selbstverständlich die Entscheidung den Eltern und letztlich der Schule überlassen werden. Gemäß dem Schulfähigkeitskonzept bestimmen neben dem Fähigkeitsprofil des Kindes und der Ökologie auch die Anforderungskriterien der Grundschule über den Begriff der Schulfähigkeit. Daher ist eine gute Kooperation zwischen Kindergarten, Eltern und Schule so wichtig, um zum einen den passenden Einschulungstermin zu finden und zum anderen um einen guten und reibungslosen Übergang vom Kindergarten zur Grundschule zu gewährleisten.

8 Die Kooperation Kindergarten – Eltern – Schule

8.1 Die Veränderung von Schule

Der Schuleintritt ist als ein „ökologischer Übergang" (Nickel und Schmidt-Denter 1995) von einem Lebensbereich in den anderen anzusehen und sollte von Erzieherinnen und Eltern als gleitende Überleitung zu neuen Anforderungen und Aufgabenbereichen der Kinder verstanden werden. Eine positive Grundeinstellung der Eltern und auch der Erzieherinnen zur Institution Schule erleichtert es dem Kind, die kommenden Anforderungen als Herausforderungen zu begreifen und im Vertrauen auf seine Fähigkeiten die neue Phase zu bewältigen. Nicht wenige Eltern und auch Erzieherinnen verbinden Schule jedoch überwiegend mit negativen Erlebnissen und setzen sie mit Leistungszwang und Leistungsnormierung gleich. Im Schulanfang sehen sie den Beginn des „Ernst des Lebens" und sprechen vor den Kindern davon, dass nun die Zeit des Spielens vorbei und die Zeit des Lernens, Übens, der Prüfungen und Klassenarbeiten gekommen sei. Sätze wie: „Warte nur, bis du in die Schule kommst ..." rufen bei vielen Kindern ungute Gefühle, Ängste und böse Vorahnungen hervor und führen häufig dazu, dass sie sich schon vor Schuleintritt innerlich verspannen und gegen die Schule wehren. Nützlich wären im letzten Halbjahr vor Schulbeginn Elternabende, an denen Eltern und Erzieherinnen gemeinsam ihre Einstellung zur Schule reflektieren, eventuell korrigieren und über Verhaltensweisen nachdenken könnten, die bei ihren Kindern zur ungetrübten Vorfreude führen.

Wie immer die Einstellung von Erwachsenen – Erzieherinnen und Eltern – zur Schule auch sein mag, sie sollten dabei bedenken, dass ihre Schulerfahrungen doch mindestens zehn bis fünfzehn Jahre und mehr zurückliegen und dass Schule trotz aller Beständigkeit auch einem zwar langsamen, aber doch deutlichen Wandlungsprozess unterliegt. In den letzten Jahren haben sich in den Grundschulen Aktivitäten entwickelt, die die Veränderungen in den Lebensbedingungen der Kinder berücksichtigen und Freiräume für individuelle Bedürfnisse schaffen. Fächerübergreifendes Lernen, Kooperation, Teamarbeit und inhaltliche Absprachen geraten immer mehr in das Blickfeld engagierter Lehrerinnen und Lehrer. Viele konkrete Veränderungen haben sich vollzogen. So ist z. B. die Regelversetzung zwischen erstem und zweitem Schuljahr eingeführt worden, damit Kindern in den ersten beiden Schuljahren Zeit gegeben wird, sich an die schulischen Anforderungen zu gewöhnen, ohne gleich einem Versetzungsstress zu unterliegen. In vielen Grundschulen sind die Zeugnisnoten abgeschafft worden und verbalen Beurteilungen gewichen, die die Stärken und Schwächen eines Kindes zwar benennen, aber nicht bewerten. Auch dies mindert den viel beschworenen Leistungsdruck.

In vielen Grundschulen wird heute offener Unterricht, freie Arbeit nach einem Wochenplan statt des bekannten Frontalunterrichts praktiziert. Es gibt in den Klassen nicht nur die gemütliche Spielecke mit von Eltern bereitgestellten, ausrangierten alten Sofas, Matratzen und Sitzkissen, sondern auch die eigene kleine Klassenbücherei mit Leseecke und Rückzugsmöglichkeiten für die Kinder. Spielerische Angebote, Ruhepausen nach Bedarf und Abweichen vom 45-Minuten-Takt gehören heute zum festen Bestandteil von Unterricht. Viele Lehrerinnen und Lehrer lösen sich vom herkömmlichen Unterricht und erproben neue Unterrichtsformen. Sie gehen mit den Kindern nach draußen, führen psychomotorische Übungen durch, lassen

alle Arten von Sinneserfahrungen zu, bauen Spiel- und Ent-
spannungsphasen in ihren Unterricht ein und wenden Kreativ-
methoden an wie Phantasie- und Traumreisen, die den Methoden des Kindergartens gar nicht so unähnlich sind und damit
für Schulanfänger eine ihnen vertraute Praxis darstellen.

Die Schule und ganz besonders die Grundschule reagiert damit auf die entwicklungsmäßigen intellektuellen, sozialen, reli-
giösen, kulturellen und ökonomischen Unterschiede ihrer Schü-
lerschaft. Sie stellt eine Vielfalt von Unterrichtsformen und
Unterrichtskonzepten zur Verfügung, um den veränderten Lebenswelten und den unterschiedlichen Lebenssituationen von
Kindern gerecht zu werden. Schule verändert sich mit der Gesellschaft. Sie muss sich geradezu auf die veränderten Lebensbedingungen einstellen, wenn sie eine an den Bedürfnissen der
Kinder orientierte Institution sein und den Kindern in der
Schule selbst, durch einen veränderten Unterrichtsstil und
durch eine wohlüberlegte Didaktik und Methodik, die Möglichkeit bieten will, mit den Veränderungen fertig zu werden. Die
offizielle Aufgabe der Grundschule ist es, alle Kinder optimal
zu fördern. Voraussetzung dafür ist die individuelle Beobachtung jedes einzelnen Kindes und seine gezielte Förderung. Die
Richtlinien für die Grundschule in Nordrhein-Westfalen lauten:

*„Die Grundschule erfüllt ihren Bildungs- und Erziehungsauf-
trag nur, wenn sie ihre Schülerinnen und Schüler als Kinder
ernst nimmt und ihre jeweiligen Lebensbedingungen berücksichtigt. Sie darf für die Kinder nicht allein Unterrichtsstätte, sondern muss zugleich Lebens-, Lern- und Erfahrungsraum sein.
In ihr sollen sich die Kinder glücklich und geborgen fühlen und
in einer freien und befreienden Atmosphäre lernen können"*
(Kultusminister des Landes Nordrhein-Westfalen 1985, 10).

Wenn man den Begriff des Lernens nicht nur auf schulische Leistungserbringung bezieht, stimmt diese Beschreibung mit dem Erziehungs- und Bildungsauftrag des Kindergartens fast überein und damit soll noch einmal betont werden, dass der Übergang von Kindergarten zur Schule kein abrupter, sondern ein langsamer und allmählicher ist. Es ist Aufgabe der Grundschule, die Arbeit des Kindergartens weiterzuführen und die Kinder behutsam von mehr spielorientierten allmählich zu mehr sach- und aufgabenorientierten Lernformen zu führen. Sie geht in ihren didaktischen und methodischen Überlegungen nicht davon aus, dass alle Kinder denselben Fähigkeits- und Kenntnisstand besitzen, sondern stellt sich auf ihre individuellen Lernvoraussetzungen ein.

Auch wenn sich Kindergarten und Grundschule auf verschiedenen Ebenen des Erziehungs- und Bildungswesens befinden, unterschiedliche Personalstrukturen, Trägerschaften und Finanzierungsregelungen aufweisen, so arbeiten sie doch gemeinsam im Interesse des Kindes. Aus dieser Zielsetzung resultiert nicht nur der Anspruch auf Zusammenarbeit, sondern auch die Verpflichtung zur Kooperation und zu gemeinsamen Absprachen. Es ist für Erzieherinnen wichtig zu wissen, dass Schule nicht mehr Lernanstalt im alten Stil ist, sondern eine kindgerechte Leistungsschule, die den Kindern – ähnlich wie der Kindergarten – einen Lebens- und Erfahrungsraum bieten will. Auf dem Hintergrund dieses Wissens können sie mithelfen, die Kinder auf die Schule positiv vorzubereiten, so dass sie ihr mit Spannung und Vorfreude entgegensehen.

8.2 Die Vorbereitung auf den Schulbeginn

Vorbereitung auf die Schule im weiteren Sinne ist kein besonderer und abgehobener Teil der Kindergartenarbeit, sondern in die alltägliche pädagogische Tätigkeit eingebunden. Die Grundlagen für die Schulfähigkeit eines Kindes werden während der gesamten Kindergartenerziehung und nicht erst im letzten Jahr vor der Einschulung gelegt. Dies geschieht in erster Linie dadurch, dass dem Kind eigene Kompetenzen zur Lebensbewältigung zugesprochen, dass ihm Selbstbestimmung und Selbstverantwortung zugetraut werden, so dass es Fähigkeiten und Fertigkeiten zur Erfassung und Bewältigung seiner Lebens- und damit auch seiner Schulumwelt entwickeln kann.

Schulvorbereitung im engeren Sinne heißt, die Schule selbst als künftigen Lernort zum Inhalt der pädagogischen Arbeit zu machen. Damit soll erreicht werden, dass schulpflichtige Kinder ihre zukünftige Schule näher kennen lernen und Schwellenängste überwinden. Die konkrete Vorbereitung auf den Schulbeginn im letzten halben bis viertel Jahr vor Ende der Kindergartenzeit ermöglicht den kontinuierlichen Übergang, erleichtert die Eingewöhnung und stellt damit eine gute Starthilfe dar. Damit die Erzieherin ihre Kinder angemessen auf diesen Tag vorbereiten kann, ist es wichtig für sie, die Einschulungsformalitäten und den Ablauf des Einschulungsvormittages in der Schule zu kennen, um Kinder und Eltern innerlich darauf einstimmen zu können.

Die Einschulungsformalitäten

Die Einschulung beginnt mit der Anmeldung in der Schule. An diesem Termin können schon Weichen für die Einstellung zur Schule – freudige Erwartung oder auch Ängstlichkeit und Hemmungen – gestellt werden, denn oft entscheidet der erste Eindruck, ob Vertrauen entsteht oder nicht. Gewöhnlich kommen die Eltern mit dem Kind und den notwendigen Unterlagen wie Geburtsurkunde, Familienstammbuch usw. in die Schule und begeben sich zum Schulleiter oder der Schulleiterin. Um eine gute Atmosphäre zu schaffen und Vertrauen herzustellen, führen die meisten Schulleiterinnen und Schulleiter das Gespräch selbst und lassen es nicht einfach bei der bloßen Abgabe der Unterlagen im Sekretariat bewenden. Sie nehmen sich gewöhnlich genügend Zeit für das Anmeldegespräch und gestalten es freundlich und persönlich. Meistens sprechen sie auch mit dem Kind, schätzen seine Kontakt- und Ausdrucksfähigkeit ein und gewinnen einen ersten Eindruck von ihm. Aber sie gehen dabei nicht nach einer Checkliste vor, sondern beziehen das Kind zwanglos in das Gespräch mit ein und schaffen damit eine motivierende Ausgangsbasis. Sie besprechen aber auch Themen mit den Eltern, die über die Anmeldeformalitäten hinausgehen und geben ihnen damit das Gefühl, in ihrer Schule willkommen zu sein. Sie hören ruhig zu, gehen auf die Belange der Eltern ein, reden selbst nicht zu viel und vermitteln ihre Information klar und verständlich.

Bei dieser Gelegenheit haben die Eltern die Möglichkeit, mit dem Schulleiter bzw. der Schulleiterin über Fragen der vorzeitigen Einschulung oder aber auch der Zurückstellung vom Schulbesuch zu sprechen. Sie können jetzt ihren Wunsch zum Ausdruck bringen, ihr Kind in den Schulkindergarten bzw. die Vorschule gehen zu lassen. Dann wird der Schulleiter mit ihnen das weitere Verfahren besprechen. Die Eltern müssen einen Antrag stellen, dem bei vorliegenden überzeugenden Gründen auch meistens stattgegeben wird. In jedem Fall, so informiert der Schulleiter die Eltern, werden alle einzuschulenden Kinder dem zuständigen Schularzt bzw. der Schulärztin vorgestellt, der oder die dann ein Gutachten über die Schulfähigkeit des Kindes verfasst. In der Regel entscheidet der Schulleiter bzw. die Schulleiterin auf Grund des ärztlichen Gutachtens über Aufnahme in die Schule bzw. Zurückstellung vom Schulbesuch.

Nach der Anmeldung zum Schulbesuch erhalten die Eltern einige Wochen später eine Einladung zur schulärztlichen Untersuchung, die entweder auch in der Schule stattfindet oder aber im Gebäude des schulärztlichen Dienstes. Die schulärztliche Untersuchung bezieht sich auf die Feststellung des körperlichen und seelischen Entwicklungsstandes des Kindes und bezieht eine Ganzkörperuntersuchung sowie eine Untersuchung der Seh- und Hörfähigkeit des Kindes mit ein. Die Eltern sind anwesend, die Kinder brauchen keine Angst zu haben, die Untersuchungen tun nicht weh, es werden keine Spritzen gegeben.

Der Tag der Einschulung

Wenn von schulärztlicher Seite nichts gegen den Schulbesuch des Kindes einzuwenden ist, dann steht der erste Schultag bevor, der große Tag mit der Schultüte. Die Gestaltung der Einschulung selbst gehört zu den Aufgaben der Grundschule und wird in Eigenverantwortung des Schulleiters und des Kollegiums vorgenommen. Aber die Hinführung zu diesem Tag wird häufig in Zusammenarbeit mit den Erzieherinnen des Kindergartens geplant und durchgeführt. Viele Erzieherinnen sind am ersten Schultag „ihrer" Kinder in der Schule anwesend und unterstreichen mit ihrer Gegenwart nicht nur die Kontinuität des Geschehens, sondern geben darüber hinaus den Kindern und ihren Eltern Sicherheit und Orientierung. Sie kennen den ungefähren Ablauf des Einschulungstages und können die Eltern schon im Vorhinein darüber informieren: Alle Grundschulen werden den Tag der Einschulung feierlich gestalten und lassen ihn zu einem Erlebnis für Kinder und Eltern werden. Die Kinder können sowohl mit ihren Eltern als auch Großeltern und anderen nahen Verwandten in die Schule kommen. Natürlich tragen sie ihre Schultüte selbst, auch diejenigen Kinder, die den Schulkindergarten besuchen werden. Der erste Schultag ist ein festliches Ereignis, das mit Musik, feierlichen Ansprachen und Theateraufführungen der Dritt- und Viertklässler gestaltet wird. Meistens werden Willkommensgrüße der älteren Kinder an die jüngeren gerichtet und ein erstes Kennenlernen der zukünftigen Klassenkameraden und der Klassenlehrerin ist möglich. Gewöhnlich begeben sich die Kinder, nachdem sich der allgemeine Trubel der offiziellen Veranstaltung ein wenig gelegt hat, gemeinsam mit ihren Eltern und „ihrer" Lehrerin in „ihren" Klassenraum, sie nehmen dort Platz, schauen sich um und hören der Lehrerin zu. Die Art und Weise der Durchführung dieser Stunde hängt voll und ganz vom persönlichen Stil der Lehrerin ab. Jede Lehrerin und jeder Lehrer hat die Wahl des Einstiegs und die Freiheit, die erste Begegnung mit den Kindern im Klassenzimmer so zu gestalten, wie sie bzw. er es möchte.

Um Enttäuschungen zu vermeiden, informieren die Erzieherinnen die Eltern darüber, dass sie gewöhnlich keinen Einfluss darauf haben, wer die Erstklasslehrerin bzw. der -lehrer ihres Kindes sein wird, dies ist ganz allein von den personellen Gegebenheiten der Schule abhängig. Eltern könnten allerdings im Rahmen der Elternmitwirkung, der Klassen- und Schulelternpflegschaft über didaktische und methodische, pädagogische und erzieherische Fragestellungen mitbestimmen. Die Erzieherinnen machen die Eltern darauf aufmerksam, dass ihr elterlicher Einfluss in der Schule gegenüber früher sehr viel größer geworden ist und ermutigen sie, diesen zu nutzen. Sie betonen auch, dass viele Lehrerinnen und Lehrer sich engagierte Eltern wünschen, die sich auch noch über den ersten Schultag und die ersten Grundschuljahre hinaus für die Schule ihres Kindes verantwortlich fühlen und von ihrem Mitbestimmungsrecht Gebrauch machen. Eine intensive Vorbereitung von Kindern und deren Eltern auf die Schule ist vor allen Dingen von einer guten Zusammenarbeit zwischen Kindergarten, Eltern und Grundschule und damit sowohl vom Interesse und Engagement der Eltern als auch von den Aktivitäten des Kindergartens und der Schule vor der Einschulung abhängig.

Zusammenarbeit zwischen Kindergarten und Eltern

Ein wichtiger Faktor beim Übergang vom Kindergarten in die Schule ist die Elternarbeit. Neben den Erzieherinnen haben Eltern die wichtige Funktion, ihre Kinder positiv auf die Schule vorzubereiten und gar nicht erst Hemmungen, Ängste und Scheu vor der Schule aufkommen zu lassen, d. h. das Selbstvertrauen der Kinder in das eigene Können kontinuierlich zu fördern. Die Elternarbeit gewinnt eine besondere Bedeutung in der Endphase der Kindergartenzeit eines Kindes. Die Initiativen zur Zusammenarbeit gehen häufig von den Erzieherinnen aus, die die Vermittlungsarbeit leisten, den Elternrat ansprechen, Themen vereinbaren und Termine vorschlagen. Elternabende sind ein geeignetes Forum für Eltern, gemeinsam mit den Erzieherinnen das Abschiednehmen vom Kindergarten zu planen und zu gestalten.

Erzieherinnen und Eltern machen sich häufig schon lange vor Beendigung der Kindergartenzeit ihrer demnächst schulpflichtigen Kinder Gedanken darüber, wie sie den Abschied vom Kindergarten gestalten werden. Es sollte ein Fest sein, das mit allen gemeinsam gefeiert wird. In vielen Kindergärten endet es mit einer Übernachtung der schulpflichtigen Kinder im Kindergarten, die meistens den Höhepunkt des Tages darstellt und den Kindern noch lange in Erinnerung bleibt. Die vielleicht erste Übernachtung, die die Kinder in ihrem Leben in Gemeinschaft mit vielen anderen Kindern erleben, kann zu einem wunderschönen und unvergesslichen Erlebnis werden, zu dem Eltern und Erzieherinnen gemeinsam beitragen: Grillfest am

Spätnachmittag mit Holzkohlenfeuer und kaltem Buffet, eine kleine Nachtwanderung mit Taschenlampen, Schlafen auf Luftmatratzen, spannende oder lustige Gute-Nacht-Geschichten nach der „Kissenschlacht" und sanfte Entspannungsmusik zum Einschlafen, all dies erfreut Kinderherzen und lässt sie den Abschied vom Kindergarten leichter ertragen.

Viele Erzieherinnen verabschieden sich von den Kindern nicht nur per Handschlag, sondern auch in Form eines kleinen Rituals, das feierlich begangen wird: Jedes Kind erhält ein von den jüngeren Kindern gebasteltes kleines Geschenk, das mit passenden Worten überreicht wird und jedem Kind werden individuelle Gedanken und Wünsche mit auf seinen zukünftigen Weg gegeben. Für viele Kinder bedeutet es eine Beruhigung zu wissen, dass sie jederzeit nachmittags „ihre" Erzieherinnen und „ihre" jüngeren Freunde und Freundinnen im Kindergarten besuchen und dass sie erzählen können, wie es ihnen in der Schule geht.

Zusammenarbeit zwischen Kindergarten und Grundschule

Die Zusammenarbeit zwischen Kindergarten und Grundschule ist nicht nur inhaltlich gewünscht, sondern auch gesetzlich in Form von Empfehlungen geregelt, wobei einige Länder sie explizit als Teil der dienstlichen Aufgaben von Erzieherinnen und Lehrerinnen und Lehrern ansehen. Diese beziehen sich auf:

- gegenseitige Information über die jeweilige Einrichtung, über Ziele, Aufgaben und Arbeitsweisen
- Kontaktgespräche zwischen Eltern, Erziehern und Lehrern
- frühzeitige Benennung der künftigen Klassenlehrer
- Teilnahme von Lehrern an Besprechungen und Sitzungen im Kindergarten
- Teilnahme von Erzieherinnen an Lehrerkonferenzen und Elternversammlungen

- gegenseitige Hospitationen
- gegenseitige Besuche von Kindergartenkindern in der Schule und Schülergruppen im Kindergarten
- Weiterführung von Lernprozessen, die im Kindergarten begonnen wurden
- gemeinsame Fortbildungsveranstaltungen von Erzieherinnen und Lehrerinnen und Lehrern

Voraussetzung für eine gelingende Kooperation zwischen Kindergarten und Grundschule ist nicht nur die Kompetenz aller Beteiligten in der Frage des reibungs- oder auch schwellenlosen Übergangs vom Kindergarten in die Grundschule, sondern auch ein Umdenken bei allen Verantwortlichen. Unterschiedliche Ausbildungsgänge, Besoldungsstufen und Arbeitsbedingungen führen zum Statusdenken der Betroffenen und zu Unterschieden im Selbstverständnis. Gesellschaftlich gewachsene Vorurteile, organisatorische Probleme, Zeitfragen und unterschiedliche Einzugsbereiche von Kindergärten und Grundschulen erschweren die Zusammenarbeit und sind der Hintergrund für auftretende Reserviertheiten auf beiden Seiten, für Missverständnisse und Ungereimtheiten. Sozialpädagogik und Schulpädagogik weisen zwar viele Gemeinsamkeiten auf, sind aber bei weitem nicht deckungsgleich (Hacker 1998).

Abgesehen von diesen möglichen Hindernissen und Schwierigkeiten haben Erzieherinnen und Grundschullehrerinnen und -lehrer jedoch vielfältige Möglichkeiten, die Zusammenarbeit kreativ zu gestalten, was in vielen Städten und Schulgemeinden auch erfolgreich umgesetzt wird. Hacker (1998) entwirft einen sogenannten Kooperationskalender, der vom November bis zum Oktober des nächsten Jahres reicht und zahlreiche mögliche Aktivitäten der Zusammenarbeit auflistet. Vielerorts gibt es fest installierte kontinuierliche Arbeitskreise und gemeinsame Treffen zwischen Grundschule und Kindergarten, bei denen sich Erzieherinnen und Erstklasslehrerinnen nicht nur kennen lernen, sondern auch gemeinsam über pädagogische Konzepte sprechen können. Es geht dabei um beiderseitigen Erfahrungsaustausch und um Fragen, wie in der Schule gearbeitet wird, welche Anforderungen die Schule stellt und welche Lern- und Lebensvoraussetzungen die Kinder mitbringen (Naumann 1998). Zu manchen dieser Treffen werden auch Schulpsychologen eingeladen, die ihr Wissen und ihre Kenntnisse über Entwicklungsvorgänge an Erzieherinnen und Lehrerinnen und Lehrer weitergeben können. Bei diesen Treffen verstehen sich Grundschullehrerinnen und -lehrer und Erzieherinnen als Partner, die zum Wohle des Kindes zusammenarbeiten und die ein gemeinsames Interesse daran haben, den Schulbeginn des Kindes reibungslos und für das Kind angenehm verlaufen zu lassen.

Der gemeinsame Gedankenaustausch ist auch deshalb von großer Bedeutung, weil nicht nur der Kindergarten allein „auf die Schule vorbereitet", sondern auch die Schule sich auf die Kinder vorbereiten muss, die sie aufnimmt, d. h. die Schule muss bereit sein, sich in ihren Anforderungen an die Lernvoraussetzungen der Kinder anzupassen, um sie so optimal und individuell fördern zu können. Es ist nicht die Aufgabe des Kindergartens, „schulfertige" Kinder an die Schule „abzuliefern", sondern Kindergarten und Schule tragen – neben den Eltern – gemeinsam die Verantwortung für die Schulfähigkeit ihrer Kinder. In einem gewissen Sinne bereitet der Kindergarten vor, aber die Schule holt das Kind dort ab, wo es steht, und entwickelt Förderpläne, wenn dies notwendig erscheint. Schulfähigkeit ist – wie in der Einleitung dargestellt – ein relativer Begriff und versteht sich als ein Passungsverhältnis zwischen Kind und Schule. Die Erzieherin nimmt mit der Grundschule bzw. die Erstklasslehrerin mit dem Kindergarten Kontakt auf, lädt ein, kündigt ihren Besuch in der anderen Institution an. Die Erzieherin kann in Absprache mit der Schule die demnächst schulpflichtigen Kinder schon einmal zur Schule führen, sie den Schulhof und die Klassenräume kennen lernen lassen. Sie kann die tausend Fragen der Kinder beantworten, die sich vor allem auf ihre eigenen Unsicherheiten, Ängste und auch Bedürfnisse beziehen, die im Verlauf eines Vormittags in der Schule entstehen können, z. B.:

- Darf ich in der Schule essen?
- Wenn ich plötzlich auf die Toilette muss …?
- Wenn ich etwas nicht kann …?
- Wenn ich morgens müde bin …?
- Muss ich das tun, was die Lehrerin sagt?
- Darf ich meinen Teddy mit in die Schule nehmen?

Viele Schulen gestalten Tage der offenen Tür, zu denen sie die Eltern der zukünftigen Schulanfänger einladen oder sie organisieren einen Willkommenstag oder auch Tag des Kennenlernens für Kindergartenkinder, an dem diese die Klassenräume, Toiletten, Flure und Pausenhöfe schon einmal besichtigen und somit eventuelle Hemmungen und Ängste abbauen können. Auch hier haben Eltern Gelegenheit, sich zu informieren, sich die Schule zusammen mit ihrem Kind anzusehen, die Lehrerinnen und Lehrer schon einmal kennen zu lernen und mit ihnen über die Gestaltung des ersten Schultages zu sprechen. Wichtige Fragen wie „Ist der Weg zur Schule verkehrssicher?", „Was gehört in die Schultüte?", „Was soll es in seinem Schulranzen mitbringen?" usw. können besprochen werden. Wenn nicht schon die Erzieherinnen diese Fragen mit den Eltern erörtert haben, werden die Grundschullehrerinnen und -lehrer spätestens an diesem Tag Eltern praktische Tipps geben:

- Eltern sollten den Schulweg vorher mit ihren Kindern abgehen und mit ihnen üben, gefährliche Straßen nur an Fußgängerampeln oder Straßenkreuzungen mit Ampelregelung zu überqueren.

- Es gehören nicht nur Süßigkeiten in die Schultüte, sondern Obst und nützliche Kleinigkeiten für die Schule.
- Der Schulranzen sollte am ersten Tag nur das Federetui enthalten.
- Auch später sollten die Eltern darauf achten, dass nur die unbedingt nötigen Dinge mitgenommen werden und der Ranzen nicht zu schwer ist.
- Die Kinder sollten es sich von Anfang an angewöhnen, den Ranzen auf dem Rücken zu tragen.
- Die Kinder sollten in den ersten drei Grundschuljahren nicht allein mit dem Fahrrad zur Schule fahren, denn sie haben in diesem Alter noch nicht die nötige Reaktionsfähigkeit. In den Grundschulen wird in den meisten Bundesländern zu Beginn der vierten Klasse eine Fahrradprüfung abgelegt, erst dann haben Kinder bewiesen, dass sie sich verkehrssicher verhalten können und dürften offiziell mit dem Fahrrad zur Schule fahren.
- Die Eltern mögen sich bei den Hausaufgaben bitte nicht direkt neben das Kind setzen, sondern sollten es gleich daran gewöhnen, die Hausaufgaben alleine zu machen.
- Die Eltern, insbesondere die Mütter, sollten ihre Kinder nicht in den Pausen besuchen, um ihnen eventuell vergessenes Pausenbrot oder etwas zum Naschen zu bringen.

Gerade der letzte Punkt bezieht sich auf die manchmal schwer zu erfüllende Aufgabe von Eltern, ihr Kind „loszulassen", es nicht behüten und festhalten zu wollen. Dazu gehört, dass Mütter und Väter Vertrauen in ihr Kind setzen und die feste Überzeugung haben, dass es selbstständig genug, vorbereitet und gerüstet ist, um die kommenden Aufgaben selbstverantwortlich zu bewältigen. Wenn Eltern sich dazu entschlossen haben, ihr Kind einschulen zu lassen, dann sollten sie es auch nicht mehr wie ein „Kleinkind" behandeln, sondern wie ein „Schulkind" und das heißt, ihm im Vertrauen auf seine erworbenen Fähigkeiten und Fertigkeiten die Sicherheit und die Gewissheit zu vermitteln, dass es die nötige „Lebenskompetenz" erlangt hat, um mit den Anforderungen der Schulsituation fertig zu werden. Je selbstsicherer, zuversichtlicher und unverzagter die Eltern selbst mit der neuen Situation umgehen, desto mehr stärken sie ihr Kind und desto mehr kann es alle Ressourcen aktivieren, über die es bei Schulbeginn verfügt.

Ausblick

„Es gibt nichts Ungerechteres als die gleiche Behandlung von Ungleichen" P. F. Brandwein, amerik. Psychologe (1912–1994)

Die Erziehung und Bildung unserer Kinder beginnt in der Familie, wird in Kindergarten und Schule in den Elementar-, Primar- und den Sekundarbereichen I und II fortgeführt, um anschließend in der beruflichen oder auch universitären Ausbildung ihren vorläufigen „Abschluss" zu finden. In allen diesen Bereichen geht es jeweils um Individualisierung und Flexibilisierung der pädagogischen Maßnahmen. Die Forderung, unterschiedliche Bedingungen für unterschiedliche Kinder zu schaffen, resultiert aus der langjährigen Beobachtung ihrer unterschiedlichen Voraussetzungen und unterschiedlichen Leistungspotenziale. Früherkennung von besonderer fähigen Kindern im Kindergarten und von Schülerinnen und Schülern in der Schule, Identifikation und Berücksichtigung von außergewöhnlichen Leistungen, Förderung von Begabungen sowie innere und äußere Differenzierung sind Themen, die augenblicklich die pädagogische Diskussion bestimmen. Die Gründung von Internaten für Hochbegabte, erweiterte Angebote in Schulen („vertieftes Lernen") und Möglichkeiten, Klassen zu überspringen oder auch teilweise am Unterricht höherer Klassen teilzunehmen („beschleunigtes Lernen") sowie die Bildung von Projekt-, Profil- oder auch D-Zug-Klassen in einzelnen Gymnasien der verschiedenen Bundesländer („vertieftes und beschleunigtes Lernen") sind nur einige Beispiele für die Richtung in der Bildungspolitik der letzten und auch der kommenden Jahre. Sie betonen den Aspekt der differenzierten Förderung, d. h. Kinder,

Jugendliche und junge Erwachsene in der Schule so zu fördern, wie es ihrer individuellen Begabung entspricht und ihnen auf diese Weise individuelle Schullaufbahnen zu ermöglichen

Dabei soll die Förderung schwächerer Schüler keineswegs vernachlässigt werden. Sie ist genau so wichtig wie die Förderung leistungsstarker Schüler, nur ist letztere lange Zeit etwas vernachlässigt worden und soll nun wieder mehr in den Blickpunkt gelangen. Von wesentlicher Bedeutung bei der Suche nach dem „richtigen" Bildungsweg ist die Beratung, da es immer schwieriger wird, sich im Dschungel der Bildungsgänge zurechtzufinden. Schon beim Übergang vom Elementar- zum Primarbereich zeigt sich die Notwendigkeit der Beratung, da individuelle und flexible Entscheidungen getroffen werden müssen. Die große Bandbreite in den Lernvoraussetzungen der Kinder haben zu einem veränderten Schulfähigkeitsbegriff und zu einer Neuformulierung der Schulrechtsbestimmungen in den Grundschulen geführt, so dass heute auch schon fünfjährige Kinder eingeschult werden können, wenn sie die entsprechenden geistigen, emotionalen und sozialen Voraussetzungen besitzen. Auch der flexible und kindgerechte Schulbeginn sowie die individuelle Förderung von noch nicht schulfähigen bzw. schon schulfähigen Kindern gehören zu einigen der wichtigen bildungspolitischen Themen und pädagogischen Herausforderungen der Zukunft. Jedem Kind zur optimalen Entfaltung seiner individuellen Persönlichkeit zu verhelfen, ist Wunsch aller Eltern und zugleich Auftrag des Staates an Erzieherinnen und Lehrerinnen und Lehrer.

Der Kindergarten hat einen eigenständigen Erziehungs- und Bildungsauftrag, seine Aufgabe ist es nicht, auf die Schule vorzubereiten, wohl aber auf das Leben. Das Kind ist am Ende seiner Kindergartenzeit kein „fertiges" Schulkind, sondern entwickelt sich dazu auch noch nach Schulbeginn. Alle Kinder lernen hinzu, wenn auch in individuellem Tempo. Die Spannbreite ihrer Leistungsfähigkeit ist groß, dafür sind u. a. auch die unterschiedlichen Lebensbedingungen und Anregungen im Elternhaus, die unterschiedliche Lernbereitschaft und Aufnahmekapazität der Kinder und damit verbunden das unterschiedliche Ausgangsniveau schon beim Eintritt in den Kindergarten verantwortlich. Die Erzieherin erhält in der Beurteilung der Schulfähigkeit aufgrund der veränderten schulrechtlichen Bestimmungen zum Schulbeginn eine neue bzw. erweiterte Aufgabe. Auch wenn die Beobachtung der Kinder und die Beratung der Eltern immer schon zu ihrem Aufgabenbereich gehört haben, so kommt nun jedoch ihrer Einschätzung der Schulfähigkeit eines Kindes und der Beratung der Eltern ein größeres Gewicht als bisher zu. Viele Eltern werden nicht mehr das starre Alter von sechs Jahren zur Grundlage ihrer Entscheidung machen, ihr Kind in die Schule zu schicken, sondern werden nun gründlicher und bewusster prüfen, ob ihr Kind schulfähig ist oder nicht, ob es eventuell vorzeitig oder lieber später eingeschult werden sollte. Mit dieser Fragestellung werden sie sich demnächst öfter als früher an die Erzieherin wenden und diese um Rat bitten, so dass ihre Beobachtungs- und Beratungskompetenzen mehr denn je gefragt sein werden. Da der Begriff der Schulfähigkeit nicht allein vom Kind abhängt, sondern auch vom Anforderungscharakter der Schule mitbestimmt wird, ist eine gute Kooperation zwischen Elternhaus, Kindergarten und Schule bei der Frage des kindgerechten Einschulungstermins notwendig. Dies erfordert Teamarbeit und Absprachen untereinander und setzt voraus, dass der Wille zur Zusammenarbeit gegeben ist, dass Unsicherheiten im Umgang miteinander abgebaut und dass im Vertrauen auf die gegenseitigen Kompetenzen sachgerechte und individuelle Entscheidungen gefällt werden.

In einer individualisierten Gesellschaft muss es das Recht des Einzelnen auf Eigenständigkeit, Einzigartigkeit und auch Besonderheit geben. Den Eltern muss die Scheu genommen werden, kindgerechte Entscheidungen zu treffen, auch wenn diese von der Mehrheit der Entscheidungen anderer abweichen. Schulleiterinnen und Schulleiter sowie Lehrerinnen und Lehrer und Erzieherinnen müssen sich an den Gedanken gewöhnen, dass schulfähige Kinder auch schon mit fünf Jahren in die Schule gehen dürfen und dass dies einzig und allein von deren Entwicklungsstand abhängt. Vorurteilsfreiheit und ein offener Blick bei Eltern und Erzieherinnen für die kognitiven, emotionalen und sozialen Fähigkeiten und Fertigkeiten eines Kindes und zwar unabhängig von seinem Alter, sind dafür eine Voraussetzung und erfordern ein Umdenken bei den Betroffenen.

Ein Blick auf das europäische Ausland zeigt, dass uns die meisten Länder in der Frage der individuellen Einschulung voraus sind und dass sie – mehr als wir es bisher getan haben – den individuellen Leistungsvoraussetzungen der Kinder stärker Rechnung tragen und Kinder wie selbstverständlich schon mit fünf Jahren einschulen. Deutschland befindet sich im Ländervergleich, was das Einschulungsalter anbetrifft, zur Zeit noch am oberen Ende der Altersspanne. Selbst innerhalb Deutschlands ist bei weitem keine einheitliche Praxis zu verzeichnen, so dass nur zu hoffen bleibt, dass der Gedanke der Individualisierung und Flexibilisierung, so wie er seit einigen Monaten in den Schulpflichtgesetzen Ausdruck findet, baldmöglichst einheitlich in Deutschland verwirklicht wird. Dies würde letzten Endes auch zu einer größeren Übereinstimmung mit unseren europäischen Nachbarn führen.

Literatur

ALIKI (1992): Gefühle sind wie Farben. Beltz: Weinheim und Basel

Arbeitsgemeinschaft der Freien Waldorfschulen im Lande NRW und Internationale Vereinigung der Waldorfkindergärten e.V. (Hrsg.) (2000): Vor der Einschulung. Wann ist der richtige Zeitpunkt für die Einschulung? (2. Aufl.) Witten

Baacke, Dieter (1993): Die 6–12jährigen. Einführung in die Probleme des Kindesalters. Beltz: Weinheim und Basel

Bachmair, Sabine / Faber, Jan / Hennig, Claudius u. a. (1985): Beraten will gelernt sein. Ein Übungsbuch für Anfänger und Fortgeschrittene. Beltz: Weinheim und Basel

Barth, Karlheinz (1999): Schulfähig? Beurteilungskriterien für die Erzieherinnen. (6. Aufl.) Herder Verlag: Freiburg i. Br.

Beck, Gertrud / Scholz, Gerdol (1995): Beobachten im Schulalltag. Ein Studien- und Praxisbuch. Cornelsen Scriptor: Frankfurt a. M.

Bründel, Heidrun (1989): Das Kieler Einschulungsverfahren und das Mannheimer Schuleingangsdiagnostikum. Neue Wege in der Einschulungs- und Förderdiagnostik. *Psychologie in Erziehung und Unterricht, 2, 36, 140 -144*

Bründel, Heidrun / Hurrelmann, Klaus (1996): Einführung in die Kindheitsforschung. Beltz grüne Reihe: Weinheim und Basel

Bründel, Heidrun / Hurrelmann, Klaus (1997): Gewalt macht Schule. Wie gehen wir mit aggressiven Kindern um? Knaur: München

Colberg-Schrader, Hedi (1993): Institutionen für Kinder. In: Deutsches Jugendinstitut (Hrsg.): Was für Kinder. Aufwachsen in Deutschland. Ein Handbuch. Kösel: Hamburg, 346 –353

Döpfner, Manfred / Lehmkuhl, Gerd / Heubrock, Dietmar u. a. (2000): Diagnostik psychischer Störungen im Kindes- und Jugendalter. Hogrefe: Göttingen, Bern, Toronto, Seattle

Elkind, David (1994): Ties that stress. The new family imbalance. Harvard University Press: Cambridge (Mass.) London

Ettrich, Klaus U. (2000): Entwicklungsdiagnostik im Vorschulalter. Grundlagen, Verfahren, Neuentwicklungen, Screenings. Vandenhoeck und Ruprecht: Göttingen

Erikson, Eric H. (1950): Childhood and society. Norton: New York

Faßnacht, Gerhard (1995): Systematische Verhaltensbeobachtung. 2. völlig neu bearb. Aufl. Reinhardt, UTB: München

Goleman, Daniel (1998): Emotionale Intelligenz. 8. Aufl. Hanser: München

Hacker, Hartmut (1998): Vom Kindergarten zur Grundschule. (2. Aufl.) Klinkhardt: Bad Heilbrunn

Hahn, Kurt / Müller, Franz-Werner (Hrsg.) (1993): Systemische Erziehungs- und Familienberatung. Wege zur Förderung autonomer Lebensgestaltung. Matthias-Grünewald: Mainz

Hasselhorn, Mareus / Hager, Willi (1995): Neuere Programme zur Denkförderung bei Kindern: Wie effektiv sind sie im Vergleich zu herkömmlichen Wahrnehmungsübungen? *Psychologie in Erziehung und Unterricht, 3, 42, 221–233*

Hasselhorn, Mareus / Hager, Willi (1996): Neuere Programme zur Denkförderung bei Kindern: Bewirken sie größere Kompetenzsteigerungen als herkömmliche Wahrnehmungsübungen? *Psychologie in Erziehung und Unterricht, 3,43, 169–181*

Hebenstreit, Sigurd (1994): Kindzentrierte Kindergartenarbeit. Grundlagen und Perspektiven in Konzeption und Planung. (2. Aufl.) Herder Verlag: Freiburg i. Br.

Herzberg, Irene (1992): Kinderfreundschaften und Spielkontakte. In: Deutsches Jugendinstitut (Hrsg.) Was tun Kinder am Nachmittag? Ergebnisse einer empirischen Studie zur mittleren Kindheit. Leske + Budrich München, 75–126

Keller, Heidi (1998): Lehrbuch der Entwicklungspsychologie. Huber: Bern

Klauer, Karl J. (1989): Denktraining für Kinder I. Ein Programm zur intellektuellen Förderung. Hogrefe: Göttingen

Klein, Lothar (2000): Mit Kindern Regeln finden. Praxisbuch Kita, Herder: Freiburg, Basel, Wien

Krenz, Armin (1994): Der „Situationsorientierte Ansatz" im Kindergarten. Grundlagen und Praxis. (8. Aufl.) Herder Verlag: Freiburg i. Br.

Krowatschek, Dieter (1997): „Ich kann ruhig sein …" Übungen zur Entspannung von Kindern – Audio-CD für zu Hause. Verlag modernes lernen. borgmann publishing: Dortmund

Krowatschek, Dieter (1999): Entspannung in der Schule. Anleitung zur Durchführung von Entspannungsverfahren in den Klassen 1–6. Verlag modernes lernen. borgmann publishing: Dortmund

Markefka, Manfred / Nauck, Bernhard (Hrsg.) (1993): Handbuch der Kindheitsforschung. Luchterhand: Neuwied

Ministerium für Kultus, Jugend und Sport (Hrsg.) (1996): Schulanfang auf neuen Wegen. Dokumentation. (2. Aufl.) Stuttgart

Naumann, Sabine (1998): Was heißt hier schulfähig? Übergang in Schule und Hort. Ravensburger Buchverlag: Ravensburg

Nickel, Horst (1984): Schulreife und Schuleingangsdiagnostik. In: Heller, K. A. (Hrsg.) Leistungsdiagnostik in der Schule, (4. Aufl.), Huber: Bern, 275–282

Nickel, Horst / Schmidt-Denter, Ulrich (1995): Vom Kleinkind zum Schulkind. Eine entwicklungspsychologische Einführung für Erzieher, Lehrer und Eltern. (5. überarb. und erg. Aufl.) Reinhardt: München und Basel

Nuding, Anton (1997): Beurteilen durch Beobachten. Bd. 21. Grundlagen der Schulpädagogik. Pädagogische Diagnostik im Schulalltag. Schneider: Hohengehren

Oerter, Rolf / Montada, Leo (1995): Entwicklungspsychologie. Beltz: Weinheim

Piaget, Jean (1945, deutsch 1969): Nachahmung, Spiel und Traum. Klett: Stuttgart

Piaget, Jean (1947): Psychologie der Intelligenz. Zürich: Rascher

Piaget, Jean (1954): Das moralische Urteil beim Kinde. Zürich: Rascher

Piaget, Jean (1972): Urteil und Denkprozess des Kindes. Schwann: Düsseldorf

Piaget, Jean / Inhelder, Bärbel (1972): Die Psychologie des Kindes. Walter: Olten

Plaum, Ernst / Struhar, Veronika / Wanger, Martina (1987): Zur Validität herkömmlicher Schuleingangstests. *Psychologie in Erziehung und Unterricht, 3, 34, 151–154*

Postman, Neil (1995): Keine Götter mehr. Das Ende der Erziehung. Berlin Verlag: Berlin

Redlich, Alexander (1987): Kooperative Gesprächsführung in der Beratung von Lehrern, Eltern und Erziehern. Materialien aus der Beratungsstelle für soziales Lernen, Bd. 4. Hamburg

Roßbach, Hans-Günther / Nordlohne, Elisabeth (1987): Betreuung von Vorschulkindern im Tagesablauf. In: *Psychologie in Erziehung und Unterricht, 3, 34, 184–195*

Sanger, Jack / Kroath, Franz (1998): Der vollkommene Beobachter? Ein Leitfaden zur Beobachtung im Bildungs- und Sozialbereich. StudienVerlag: Innsbruck-Wien

Schmidt-Denter, Ulrich (1994): Soziale Entwicklung. (2. Aufl.). Beltz: München und Weinheim

Spitz, René (1967): Vom Säugling zum Kleinkind. Naturgeschichte der Mutter-Kind-Beziehungen im ersten Lebensjahr. Klett: Stuttgart

Stoll, Siegfried (1995): Der Situationsansatz im Kindergarten. Möglichkeiten seiner Verwirklichung. FIPP-Verlag: Berlin

Ulich, Klaus (1989): Erziehungsziele und Erziehungsschwierigkeiten aus der Sicht von Erzieherinnen. In: *Psychologie in Erziehung und Unterricht, 36, 56–60*

Ulich, Dieter (1993): Emotionale Entwicklung. In: Markefka, M./Nauck, B. (Hrsg.): Handbuch der Kindheitsforschung. Luchterhand: Neuwied, Kriftel, Berlin, 263–275

Wagner, Jürgen (1994): Kinderfreundschaften. Wie sie entstehen. Was sie bedeuten. Springer: Berlin

Weigert, Hildegard / Weigert, Edgar (1992): Schuleingangsphase. Hilfen für eine kindgerechte Einschulung. (3. Aufl.) Beltz: Weinheim und Basel

Wirth, Günter (2000): Sprachstörungen, Sprechstörungen, Kindliche Hörstörungen. Lehrbuch für Ärzte, Logopäden und Sprachheilpädagogen. 5. Aufl. Deutscher Ärzte-Verlag: Köln

Zimmermann, Wolf-Dieter (1997): Gespräche führen, moderieren, beraten. Lehrerbildung kompakt, Bd. 1. Schneider: Hohengehren

Testverfahren zur Ermittlung der Schulfähigkeit, kognitiver und motorischer Funktionen etc.

Barth, Karlheinz (1998): Die diagnostischen Einschätzskalen (DES) zur Beurteilung des Entwicklungsstandes und der Schulfähigkeit. Reinhard Verlag: München, Basel

Duhm, Erna / Althaus, Dieter (Hrsg.) (1980): Beobachtungsbögen für Kinder im Vorschulalter 4–6 (BBK). Westermann: Braunschweig

Fröse, Sigrun / Mölders, Ruth / Wallrodt, Wiebke (1986): Das Kieler Einschulungsverfahren. Beltz: Weinheim

Ingenkamp, Karlheinz (Hrsg.) (1990): Beurteilungsbogen für Erzieherinnen und Erzieher zur Diagnose der Schulfähigkeit (BEDS). Beltz Test: Weinheim und Basel

Jäger, Reinhold S. /Beetz, Evelyn / Erler, Rainer / Habersang-Walther, Ruth (1982): Mannheimer Schuleingangsdiagnostikum, MSD. (2. verb. Aufl.). Beltz-Verlag: Weinheim

Lockowandt, Oskar (1996): Frostigs Entwicklungstest der visuellen Wahrnehmung. (8. überarb. und erw. Aufl.) Beltz Test: Weinheim, Göttingen

Sedlak, Franz / Sindelar, Brigitte (1995): Hurra, ich kann's. Frühförderung für Vorschüler und Schulanfänger. ÖBV Pädagogischer Verlag: Wien

Spielerische Vorbereitung auf die Schule

Werden Kinder bereits in der Kita auf die neuen Anforderungen in der Schule vorbereitet, so sind die Weichen für einen guten Start gelegt. Erzieherinnen finden in diesem Buch eine durchdachte Sammlung von Spielen und Übungen, die ohne Leistungsdruck das soziale Miteinander und die Motorik, die Sprachentwicklung und kreatives Gestalten fördern.

Bärbel Merthan
Spiele zur Schulvorbereitung
128 Seiten, mit zahlr. Illustr., Kart.,
DM 26,80/ öS 196,–*/ SFr 24.50
ISBN 3-451-27454-X
* öS = unverbindl. Preisempfehlung

HERDER

Im Buchhandel erhältlich!

Spielerische Vorbereitung auf die Schule

Werden Kinder bereits in der Kita auf die neuen Anforderungen in der Schule vorbereitet, so sind die Weichen für einen guten Start gelegt. Erzieherinnen finden in diesem Buch eine durchdachte Sammlung von Spielen und Übungen, die ohne Leistungsdruck das soziale Miteinander und die Motorik, die Sprachentwicklung und kreatives Gestalten fördern.

Bärbel Merthan
Spiele zur Schulvorbereitung
128 Seiten, mit zahlr. Illustr., Kart.,
DM 26,80/ öS 196,–*/ SFr 24.50
ISBN 3-451-27454-X
* öS = unverbindl. Preisempfehlung

HERDER   *Im Buchhandel erhältlich!*